가난한
아이들은

어떻게

어른이
되는가

가난한 아이들은 어떻게 어른이 되는가

: 빈곤과 청소년, 10년의 기록

강지나 지음

2023년 11월 6일 초판 1쇄 발행
2024년 9월 30일 초판 10쇄 발행

펴낸이 한철희 | 펴낸곳 돌베개 | 등록 1979년 8월 25일 제406-2003-000018호
주소 (10881) 경기도 파주시 회동길 77-20 (문발동)
전화 (031) 955-5020 | 팩스 (031) 955-5050
홈페이지 www.dolbegae.co.kr | 전자우편 book@dolbegae.co.kr
블로그 blog.naver.com/imdol79 | 페이스북 /dolbegae | 인스타그램 @Dolbegae79

편집 김혜영
표지디자인 김민해 | 본문디자인 이은정·이연경
마케팅 심찬식·고운성·김영수·한광재 | 제작·관리 윤국중·이수민·한누리
인쇄·제본 영신사

ISBN 979-11-92836-35-5 (03300)

이 책의 저자 인세 및 판매수익금 일부는 어려운 환경에 처한 청소년을 위해 사회단체에 기부됩니다.

가난한
아이들은
어떻게
어른이
되는가

빈곤과
청소년,
10년의
기록

강지나
지음

가난한
아이들은
어떻게
어른이
되는가

빈곤과
청소년,
10년의
기록

강지나
지음

돌베
개

일러두기

— 이 책에 사용된 청소년들의 이름은 모두 가명이며 지명과 기관명은
   모두 알파벳 첫 글자로 처리하였다.

2000년 경기도 외곽 소도시에서 교사생활을 시작할 때였다. 한 학생이 여러 날 학교에 오지 않았다. 그 학생은 할머니, 동생과 함께 살고 있었고, 아버지는 다른 도시에서 일하고 있다고 했다. 가정 방문을 해서 사정을 알아보니 할머니가 자기 아들, 즉 그 학생의 아버지가 빌려간 돈을 갚지 않은 데 앙심을 품고 손자들을 학교에 보내지 않고 있었다. 아버지에게 연락하고 할머니를 설득해도 소용이 없었다. 할머니 집에는 동거하는 다른 남자도 있었고, 이 상황 자체가 어린 형제의 삶에 안전한 환경으로 보이지 않았다. 그런데 당시 법으로는 이런 명백한 학대 행위에 대해서 학교가 할 수 있는 일이 거의 없었다. 교사로서 아이들을 마주하고 있으면서 아무런 도움도 줄 수 없고 보호도 해줄 수 없다는 현실이 매우 충격적이었다.

하지만 그곳에서 몇 년 동안 교사로 일하면서 나는 이 사건이 빈곤의 다양한 양상 중 단편적인 장면일 뿐이라는 것을 알 수 있었다. 가난을 겪는 학생들의 삶에서 공부나 성장은 우선순위가 아니었다. 어른들이나 학생들이나 자신의 생존과 안전의 욕구를 위해서 공동체의 질서나 문화는 쉽게 무시되었고 공동체성이 사라진 곳에서는 '정의'나 '교육'의 논리보다는 '힘'의 논리가 횡행했다. 학생들은 자신이 처한 다양한 가족 상황 속에서 좌충우돌을 겪고 있었고, 가난은 삶의 곤란함을 넘어서 때로는 무기가 되고 도구로도 이용되고 있었다.

이런 현실에서 할 수 있는 일이 별로 없는 교사라는 직업에 대해 자괴감과 무력감을 느꼈고, 가난한 환경에서 성장하는 청소년들에게 조금이나마 도움이 되고자 학교사회복지를 공부했다. 내가 판단하기에 학교체계는 가난한 청소년을 도와줄 수 있는 정보와 공간과 인력을 그나마 최소한으로라도 갖추고 있었다. 미국은 '학교사회복지'라는 시스템 속에 학교마다 전문 인력을 필수적으로 배치하고 있고 유럽은 국가나 지역 공동체의 공적 기능으로 복지가 탄탄히 자리 잡혀 있었다. 한국도 1990년대부터 학교사회복지 프로그램을 민간기업의 도움으로 시작했지만 지금도 이는 여러 이유로 법제화되지 못한 채 난항 중이다.

　결국 나는 학교사회복지사가 되려던 꿈을 접었지만 공부는 계속 이어나갔다. 그러려면 현장이 필요하다고 여겨 2009년부터 한 지역아동센터에 자원봉사를 나갔다. 그곳에서 아이들을 직접 만나면서 청소년의 성장 과정을 더 깊게 들여다볼 수 있었다. 나는 성장하고 싶은 어린 생명이 가난이란 굴레와 가족으로 인해 어떤 영향을 받고 굴절되고 다시 일어서는지 그들의 목소리로 기록하고 싶었다. 그 안에는 세상에서 흔히 통용되는 가난에 대한 인식이나 이미지와 다른, 삶에 대한 통찰과 지혜가 있었다. 나는 청소년들이 삶에서 얻어낸 그 통찰과 지혜를 학문적으로 담아내려고 했다.

　2010년부터 본격적으로 빈곤 대물림에 대한 박사논문을 준비하면서 이십여 명의 청소년과 가족들을 만났다. 2016년 논문을 끝낸 후, 이들이 어른이 된 이후의 삶까지 계속 따라가는 책을 쓰기로 했고, 여섯 명의 청소년이 흔쾌히 참여 의사를 밝혔다. 첫 만남부터 강렬했던 소희, 모범생 중의 모범생 영성, 에너지가 넘쳤던 지현, 빈곤 이후의 삶을 진솔하게 들려준 수정, 어두운 과거를 교훈삼아 일어선 현석, 여전히 홀로서기 중인 혜주. 이들을 3, 4년에 한 번씩 만나 세 차례 이상 심층 인터뷰를 진행했다.

　연우와 우빈은 책을 구성할 때 '특성화고 현장실습과

진로'라는 주제를 추가하면서 2018년에 교사와 지역사회 교육전문가(구 학교사회복지사)의 추천을 받아 만났고 인터뷰를 두 차례 했다. 이렇게 총 여덟 명의 청(소)년의 이야기가 책에 담기게 되었다.

여덟 명의 청(소)년을 만나고 인터뷰하고 계속 연락하기까지, 그 사이를 이어주고 이들에게 밀착해서 도움을 준 사회복지사, 지역아동센터 대표, 학교 교사, 지역사회 교육 전문가 등이 있다. 이분들의 도움과 조언이 없었다면 이 청(소)년들의 이야기는 세상에 나오지 못했을 것이다. 무엇보다 내가 원고를 완성할 때까지 기다려준 출판사와 수많은 조언을 아끼지 않았던 편집자에게도 감사를 전한다.

정식 인터뷰 외에도 이들에 대해 소식을 듣거나 사적으로 만나거나 연락하는 일은 꾸준히 이어졌다. 처음 만날 때는 열예닐곱 살의 청소년이었던 이들이 지금은 서른 즈음의 청년이 되었다. 세월과 함께 이들의 변화와 삶의 굴곡이 고스란히 전해졌고 때로는 애처롭고 가엾다가 어떨 때는 존경스럽고 대견하다는 느낌이 무수히 교차했다. 이들은 자신이 힘들 때 누군가로부터 도움을 받았듯이 자신의 이야기가 누군가에게 도움이 되기를 원했고, 다른 인터뷰 참여자들이 어떤 이야기를 하는지 궁금해했다. 자신의 이야기를 공개하는 것이 쉽지 않지만 어려운 환경에 처한 다른 청(소)년들을 위한 마음으로 오랫동안 내 책을 응원해주고 기다려주었다.

　어눌한 글솜씨와 게으름에 여러 번 좌절하고, 빈곤층의 삶을 팔아 이용하려는 것 아닌가 하는 의구심에 스스로 책을 포기하고 싶을 때도 있었다. 하지만 자신의 이야기를 솔직하고 남김없이 전해주고 기다려준 여덟 명의 청(소)년이 있었기에 이 책은 세상에 나올 수 있었다. 이 책의 모든 오류와 과실은 다 내 부족함 때문이며, 이 책이 조금이라도 가치가 있다면 그것은 이들의 진정성과 용기 덕분이다. 여덟 명의 청(소)년을 포함해서 이 땅에서 고군분투하며 청소년기를 보내고 있는 이들과 그 시기를 거쳐 청년이 된 모든 이들에게 이 책을 바치고 싶다.

2023년 10월

강지나

차 례

> "
> 미래를 생각하면
> 정말 어두워요
> "

우울을 견디는 삶,
소희

◆

처음 만났을 때 소희는 열일곱 살이었다. 작고 마른 체형의 단발머리 소녀는 매우 냉소적이고 세상일에 달관한 듯한 태도를 보였다. 학교를 다니지 않는 학교 밖 청소년으로 가출을 종종 하던 시절이었다. 자신의 삶과 현 상황에 대해 매우 우울해했고 암울한 상상을 많이 한다고 했다. 실제로 행동에 옮긴 적도 몇 번 있었다. 하지만 상황이 불우한 데 비해, 소희는 또랑또랑한 목소리로 자신을 매우 능숙하게 표현했고, 조곤조곤 얘기를 잘 풀어냈다.

저는 자살⋯. 살고 싶어하지 않은 애예요. 세상이 정말 무섭고⋯. 사람이 무서워요. 저를 알게 되면 다 떠날 것 같은, 그런 게 좀 심해요. 그래서 막 죽는 상상을 해요.

소희는 자신의 상상에 대해 구체적으로 설명하고 어

떻게 행동으로 옮겼는지 차분히 얘기했다. 내가 보기에 소희는 아직 힘이 있고 건강해 보였다. 그 감정 뒤에 있는, 본인이 원하는 바를 정확히 알고 있었다. 물론 알고 있다고 해서 그 원하는 바가 쉽게 얻어지거나 달성되는 것은 아니었다.

(우울한 상상을 하는 이유는) 실질적으로는 죽는 것보다 누가 내 얘기를 들어줬으면 하는 게 더 크겠죠? 그런데 안 풀리더라고요, 얘기를 해도. 그래서 아직도 죽고 싶다는 생각이 들어요. 더 답답할 때도 있고…. 왜냐면 얘기는 어떻게 됐든 할 순 있잖아요? 근데 제가 갖고 있는 감정들까지는 전달이 안 되잖아요. 아, 나 힘들어. 그것뿐이잖아요. 사람이 보통 다른 사람이 힘든 것보다 내가 힘든 게 더 크게 느껴지잖아요. 그러다 보니까 얘기해도 별로…. 더 우울해져요.

소희의 우울함은 누군가가 자신의 이야기를 들어주고 공감해주고 자신을 잡아주고 힘든 삶에 도움을 주었으면 하는 절박함 속에 있었다. 소희는 친밀한 누군가와의 관계를 그리워하고, 사람들이 무섭지만 끊임없이 누군가의 애정을 갈구했다. 그것은 다 자신이 "사랑을 못 받고 자라서" 그렇다고 했다.

아무도 잡아주지 않는 삶

소희 어머니는 우울증을 오랫동안 앓아왔다. 약을 정기적으로 먹는데 먹고 나면 정신을 못 차렸다. 아버지는 다섯 살 때 어머니와 이혼한 후 집을 나갔다. 어릴 땐 아버지가 몇 번 찾아왔지만 그때마다 소희는 무서워서 도망쳤다. 철이 들 만큼 성장하고 나서는 아버지를 한 번도 보지 못했다. 초등학교 때 새아버지가 생겨서 같이 살기 시작했는데, 나이가 많은 새아버지는 조현병이 있었고 술을 자주 마셨다. 소희는 새아버지가 어머니에게 욕하고 때리는 것을 목격하기도 했다. 10여 년을 같이 살았지만 새아버지에게 정을 준 적은 없다.

위로 두 살 터울의 오빠가 있는데, 오빠는 어릴 때부터 몸이 약하고 아팠다. 그래서 어머니는 아픈 오빠에게만 관심을 쏟고 소희에게는 "신경도 안 썼"다. 오빠는 게임중독에 빠져 고등학교를 다 마치지 못했다. 군대를 제대하고 집에서 백수로 지내다가 당시에는 근처 공장에 다녔지만 그마저도 성실하진 않았다. 이런 환경에서 집안 누구도 소희의 편이 되어 대화를 나누거나 마음을 의지할 만한 대상이 되어주지 못했다.

가출했을 때 가끔 엄마 집에 찾아가서 먹을 걸 사다 주고 돈

우울을 견디는 삶, 소희

도 좀 생기면 주고 오고 그랬어요. 엄마는 그냥, 저한테 잘 사냐고, 밥은 잘 먹고 다니냐고. 나중에는 (어떻게 지내는지) 잘 안 물어봐요. 그냥 제가 말했어요. 밥 먹고 산다. 사진 보여주고. 그러면 엄마가 "예쁘네. 우리 집보다 좋네" 그러고 말던데요.

어머니를 비롯해 가족들 누구도, 소희가 학교를 결석하고, 가출을 하고, 급기야 출석률 미달로 진급을 못 하는 상태가 되어도 나서서 돌봐주거나 관여하지 않았다. 중학교 3학년 때 학교를 그만두고 열일곱 살이 되도록 가출과 비행을 반복하는데도 아무도 잡아주거나 혼내는 사람이 없었다.

탓이야 뭐, 했었죠. 왜 안 했겠어요. 왜 엄마는 날 안 잡아줬을까. 하지만 엄마가 저를 나쁜 길로 인도한 건 아니잖아요. 일단 저희 엄마잖아요. 그러니까 탓하는 게 너무 죄스러워요. 아빠는 저를 버렸잖아요. 엄마는 저를 안 버리고 키웠어요. 어떻게 키웠든 키웠잖아요. 그게 너무 고마운 거예요. 엄마보다는 하느님을 탓했어요. 하느님이 내가 준비가 돼 있으면 기회는 공평하게 주어진다고 했는데 그게 아닌 것 같은 거예요. 잘해보려고 하면 다 안 좋게 돼버리니까…. 포기를 할 수밖에 없죠. '기회를 공평하게 준다면서 왜 나한테는 그런 게 없었나요' 하면서 혼자 원망을 했어요.

　소희는 어머니도 기회가 공평하지 않은 이 세상의 희생자라고 생각했다. 사실 어머니의 인생도 자신과 다르지 않았기 때문이다. 어머니도 외할아버지 대에서부터 가난과 학대를 겪었고, 큰딸이라는 이유만으로 가족의 생존을 위해 희생하며 살아왔다. 그래서 소희는 철이 들고부터는 어머니가 원망스럽기보다 안쓰러웠다. 자신이 선택하고 그 선택이 잘못돼서 이런 삶을 살고 있는 게 아닌 것처럼 어머니도 아무런 선택의 여지 없이 그런 삶을 받아들이고 여기까지 온 것이라고 생각했다. 어머니를 원망하고 자기 불행의 책임을 어머니에게 돌리기보다 이러한 상황을 현실로 인정했다.

대를 이어 내려온 가난

처음 만났을 때, 열일곱 살의 소희는 영구임대아파트에 원가족들과 살고 있었다. 타 시에 비해 전반적으로 환경이 열악한 경기도 P시 안의, 빈곤층이 밀집해 있는 영구임대아파트는 가난한 곳의 대명사이다. 아파트가 지어지기 전부터 이 지역에서 살아온 소희 외할아버지는 전형적인 도시 빈민이었다. 이 지역은 옛날에는 농지여서 외할아버지는 농사를 지으며 생계를 유지했다. 하지만 살림이 각박했던 외조부모는 자녀들을 온전하게 기르지 못했다. 외할아버지는 노름을 하느라 가정에 충실하지 못했고 외할머니는 알코올중독이었다. 외할머니는 술 먹고 행패를 부리기도 했는데, 소희는 외할머니가 어머니 목에 칼을 들이대고 죽인다고 위협했던 사건도 목격한 적 있다. 이렇게 외할아버지와 외할머니가 생활력이 없고 불안정한 삶을 살았기 때문에 살림은 궁핍하기 그지없었다.

외할머니는 생계를 위해 급기야는 큰딸인 소희 어머니를 어린 나이에 다른 집 식모로 보내버렸다. 이후 어머니는 가족의 생계를 돌보고 동생들 학비를 대느라 학교도 다니지 못했다. 지금도 어머니는 글을 읽지 못한다. 어머니가 변변한 직장을 갖기 힘들었고 기초생활수급자 자격을 유지하며 근근이 살았던 원인도 여기에 있다.

엄마는 기초수급자로 공공근로만 하고 다른 일은 못 해요. 몸도 좀 아프고 글을 몰라요. 엄마는 하고 싶어하셨어요, 식당일 같은 거라도. 그런데 글씨를 모르시니까 못 하셨죠. 엄마는 일을 안 했다기보다 못 하셨던 거죠. (…) 엄마 또래의 아줌마들, 글 쓸 줄 아는 사람들이 많더라고요. 몰랐는데…. 그래서 그런 걸 볼 때마다 씁쓸하고 안타까웠어요.

외할머니의 알코올중독은 외가 가족을 점차 산산이 흩어지게 했다. 외할머니는 어머니 아래 동생들을 스무 살이 되자 집에서 다 쫓아냈다. 이모와 삼촌들은 성인이 되어 자리를 잡고 나자 늙고 병든 외할아버지와 외할머니를 찾지 않았고 연락을 두절했다. 결국 같은 동네에 살고 있는 어머니 혼자 두 분의 병 수발을 들었다. 첫 번째 인터뷰 때 두 분은 중풍과 치매가 와서 요양원에 계셨다.

할머니가 아파서 제가 초등학교 5학년 때 수술했는데, 그때 삼촌 한 명만 찾아와서 돈 조금, 한 삼십만 원 줘서 수술비에 보태고 그 뒤로는 진짜…. 이모도 중학교 2학년 때 한 번 보고 못 봤어요. 다 연락 안 돼요. 엄마는 찾고 싶다고 말하는데, 못 찾잖아요, 가족이라도.

소희네 가족은 가난이 대물림되는 양상을 잘 보여준다. 조부모의 가난과 병력이 부모의 양육 조건을 부실하게 해서 어머니는 교육과 돌봄이 결핍된 성장기를 보냈다. 그 결과 어머니는 학력과 노동 능력이라는 사회적 기반을 얻지 못했고 한부모가 되어 불안정한 환경 속에서 자녀들을 양육했다. 게다가 우울증까지 앓게 되면서 이 상황을 극복하려는 의지나 바람까지 약화되었다. 의지할 만한 다른 가족도 없이 정신적·심리적으로 불안정한 상

우울을 견디는 삶, 소희

태에 만성적으로 빠졌다. 어머니는 소희에게 '신경을 안 쓴' 게 아니라 '신경을 쓸 수 없었'던 셈이다.

소희는 어머니의 취약성 때문에 제대로 보살핌을 받지 못한 채 성장하였다. 소희가 말한 "아무도 잡아주지 않는 삶"은 이런 교육과 돌봄의 공백 속에 위치한다. 사실, 소희에게 잡아줄 사람이 없었던 것처럼 소희 어머니도 누구도 잡아주지 않는 외로운 삶이었다. 소희네 가족의 대를 이어온 가난은 전형적으로 환경에 의해 축적되어온 양상을 띤다. 한 개인의 힘만으로는 극복할 수 없는 처지에 있었다고 볼 수 있고, 오히려 이 열악한 상황에서 어머니를 지탱하게 해준 것은 소희와 소희 오빠였는지도 모른다.

혼자서 잘하는 아이

소희는 어려운 환경에서 자라왔지만 똑 부러지고 자기 의견이 뚜렷했다. 어머니에 대한 생각도 객관적이고 전체 상황을 고려할 줄 알았고 입체적이었다. 즉, 어머니도 가난한 가족의 장녀라는 환경 안에서 만들어진 일종의 희생자이고 자신을 돌봐줄 만한 여력이 없었다는 것을 인정했다. 소희는 자신의 삶을 우울하게 생각했지만, 그 원인을 어머니나 가족에게 돌리지 않았다. 그만큼 어둠과 불행

속에서도 자신의 삶을 들여다볼 줄 알았고, 스스로 자신의 삶을 해석하고 이해해보려고 애썼다. 이런 힘은 소희가 내재적으로 가진 장점일 수도 있고, 아무 곳도 기댈 데가 없어서 혼자 터득한 생존 전략일 수도 있다.

저는 독립심이 강해요. 저는 혼자서 되게 잘해요. 멀리 여행 가는 것도 잘하고 길도 잘 외워요. 어렸을 때부터 그랬어요. 제가 할 일을 잘해요. 교과서도 잘 챙기고 밥도 잘 먹고요. 그러다 보니까 엄마는 오빠만 더 챙긴 거예요.

중학교 중퇴 후 가출과 동거, 비행을 거듭하다가 소희는 내팽개쳐두었던 삶을 스스로 추스르기 시작했다. 모두 어릴 때부터 혼자서 자기 일을 알아서 하던 자생력 덕분이었다. 열일곱 살에 우연한 계기로 마음을 먹고 중학교 검정고시를 봐서 통과했다. 친구들이 도와주고 문제집을 몇 번 푼 게 다였지만 거뜬히 통과했다. 그리고 몇 년 후 내가 세 번째 인터뷰를 했을 때에는 대학에 진학하기 위해 고등학교 검정고시와 대입 시험을 치렀다. 그만큼 자신의 삶을 포기하지 않겠다는 의지가 강했다.

저는 절실하게 대학에 가서 잘되고 싶었어요. 그냥 잘되고 싶었어요. 늘 포기하고 잃어버리고 사는데 어느 순간 딱 그런 생각이 들었어요. 내가 이렇게 형편없으면 미래에 뭐가 되겠는가. 죽고 싶었지만 죽을 용기도 없는데 뭐라도 해야 하지 않을까. 처음에는 사실 대학 갈 생각이 없었어요. 아르바이트를 했는데, 보니까 다들 열심히 사는 거예요. 오는 손님들이 다 직장인이었는데 열심히 살아서, 나도 열심히 살고 싶은데 뭘 해야 할까 하다가 사회복지사 선생님이랑 얘기를 했어요. "네가 지금 이렇게 사는 게 지장이 없다면 계속 그렇게 살아도 되는데, 더 넓은 세상을 보고 싶으면 대학을 가라." 그 말이 되게 인상적이었어요. 내가 뭔가 시작할 수 있겠구나.

소희가 일어서는 것을 부축해준 곳은 종합사회복지관이었다. 소희와 꾸준히 상담을 하고 서비스를 제공하던 복지사는 소희가 그러한 결심을 하도록 이끌었고 실질적인 도움을 주었다. 멘토를 연결해주고 학습 교재를 제공했으며, 대학을 함께 알아보고 원서 제출도 도왔다. 오랫동안 소희와 소희 가족들은 복지관의 도움을 꾸준히 받아왔다. 이런 과정은 소희에게 하나의 모범이 되었고, 소희는 사회복지사가 되고 싶어서 전공을 사회복지학으로 결정했다.

저는 사회복지학과에 가려고 대학을 간 거예요. 대학은 수단이었어요. 그냥 계속 막연하게 누군가를 도와주는 일, 남을 위해서 사는 일을 하고 싶었어요. A대가 심리상담이랑 사회복지가 두 개 같이 묶여 있어서, 그 두 개를 복수전공하는 게 꿈이었어요. (…) 심리상담사보다 오히려 사회복지사가 더 좋지 않을까? 그냥 막연히 생각했어요. 심리상담사는 얘기만 들어주는 건데 사회복지사는 여러 가지를 할 수 있잖아요. 그런 게 되게 매력적이기도 했고, 전에 도와주셨던 선생님들이 다 사회복지사셔서.

소희는 대학에 다녔고, 복지관 실습을 나갔다. 이런 경험들이 새로운 세계를 보여주었고 현실에 부딪치게 해주었다. 특히 복지관 실습을 나갔을 때 실무적으로 여러 가지 일을 겪으면서 자신이 부족하다는 것, 더 많이 배워야 한다는 것을 느꼈다. 복지관 실습에서 열정을 다 바쳤고 그간 비축해두었던 에너지가 다 소진된 느낌을 받았다. 목표 없이 부유하던 삶에서 목적을 갖고 몰입하는 삶으로의 변화는 소희에게 새로운 단계였다. 하지만 익숙하지 않았던 만큼 매우 힘이 들었다.

뭔가 한 가지 일에 집중하면 슬픈지 기쁜지를 잘 못 느껴요. 사회복지사 일을 잘할 수 있을까 하는 걱정은 있어요. 실습해보니까 모르는 게 많은 것 같아서. (…) B복지관이 실습 커리큘럼이 좋아요. 사회복지사들이 정말 하는 일을 직접 계획

우울을 견디는 삶, 소희

했어요. 계획서도 쓰고, 프로그램도 짜고, 직접 진행하기도 하고, 맨날 책 읽고 독후감도 쓰고요. 이렇게 맨날 바빠서 잠을 못 자요. 새벽에 자고 밤새기도 하고, 정신이 없었죠.

대학을 다니는 것 자체도 집에서 경제적 지원을 받을 수 없는 소희에게는 힘든 일이었다. 등록금은 기초생활수급가정이었으므로 국가로부터 지원을 받았지만, 교통비, 식비, 교재비 등이 만만치 않았다. 국가장학금에 있는 생활비 대출을 받아 썼고 졸업하자마자 갚아야 할 빚에 대한 부담이 커졌다.

대학교 다니다 보면 돈이 엄청 필요하잖아요. 다른 애들은 학교를 다닐 때 알바가 필수가 아닌 거예요. 하지만 저는 필수인 거예요. 쟤는 가만있어도 오십만 원, 백만 원씩 집에서 주는데 나는 아무리 열심히 해봤자 한 달에 삼사십만 원밖에 못 벌어요. 이것도 결국에는 나를 위해서 쓰는 게 아니에요. 그냥 교통비, 핸드폰 요금 같은 생활비로 쓰다 보면 제가 쓸 수 있는 돈이 없는 거예요. 한번은 너무 서러워서 학교에서 수업 받다 운 적도 있어요. 신발이 찢어진 거예요. 근데 난 이제 살 돈이 없는 거예요. 엄마한테 사달라고 할 수도 없고, 내가 살 돈도 없고….

그저 견디는 게 삶의 힘

네 번째 만났을 때, 소희는 스물네 살이었다. 겉으로는 여느 대학생과 같아 보였다. 처음 봤던 열일곱 살 때보다 안정되어 있었고 자신의 길을 찾은 것 같았다. 또 지금껏 자신이 찾은 길로 열심히 매진해왔으니 이제 마무리만 잘 지으면 될 것 같았다. 하지만 그 속내는 달랐다. 여전히 관계 맺기가 어려웠고, 학교라는 환경은 두려움의 대상이었다. 정신없이 바빠서 감정을 돌볼 수 없을 때는 몰랐지만 그러지 않을 때는 두려움과 불안이 스멀스멀 엄습했다. 소희는 스스로 "견디는 삶"이라고 했다.

청소년기에서 벗어났다고 생각을 못 하거든요. 벗어나기 힘들더라고요. 겉으로는 괜찮아 보이는데 안을 깊이 들여다보면 청소년기의 흔적이 많이 남아 있어요. 이걸 극복해야 하는데 안 되니까, 나아가야 하는데 나아가지 못하는 것 같아요. (…) 감정이 폭발할 때와 다시 잠잠할 때, 다시 폭발할 때, 이게 너무 들쭉날쭉하다 보니까 굉장히 힘들더라고요. 근데 다들 그래요. "너는 괜찮아졌다." "잘 살고 있다." "잘 사는 것 같다." 제가 저 스스로 굉장히 불안한 상황인데 다들 괜찮다니까 표현을 못 하고 있어요. 계속 견뎌내는 게 삶의 힘인 것 같아요. 포기하지 않고 이 힘듦을 견뎌내면서 묵묵히 살아가는 것. 포기하지 않게끔 다른 데서 힘을 얻어야 하는데 그럴 만한 곳이 없어요. 저 스스로 힘을 내야 하는데 이제 지치더라고요.

소희는 청소년기, 즉 중학생 때부터 우울증을 겪어왔다. 열악한 가정환경과 자신을 돌봐줄 사람이 없는 상황, 관계와 돌봄의 결핍으로 외로워했다. 그때 가출과 방황이 시작되었고, 학교에 소희에 대한 안 좋은 소문이 돌면서 또래들과 관계가 나빠져 학교를 자퇴했다. 대학에 가서도 학교라는 환경에 대해 두려움을 갖고 있었다. 중학교를 자퇴하던 과정에서 겪은 왕따와 학교 부적응이 큰 상처가 되어 대학에서도 두려움이 반복되고 있는 듯 보였다. 문제는 이런 우울증과 불안 증세가 나타나면 전처럼 술을 마신다는 것이었다. 스스로 폭주라고 말할 정도로 과하게 마시고 기억을 하지 못했다.

병원에서 알코올중독 검사를 했어요. 알코올중독이라고 술 좀 그만 먹으라고 하더라고요. 매일 혼자 많이 마셨던 것 같아요. 우울하면 술을 먹어요. 그리고 술을 먹으면 폭주를 해요. 폭주하니까 술 먹으러 다니면서 실수를 해요. 그래서 술을 먹으면 안 된다는 얘기를 듣고 그때 한참 술을 끊었어요. 지금 다시 이런 불안한 기분이 올라와서 폭주를 하고 있어요. (…) 검사 같은 걸 해보면 상대적으로 불안감이 되게 높다고 나와요. 다른 대학생에 비해서 뭐가 부족하다고 써 있었어요. 문제를 받아들이는 능력인가 해결하는 능력이 부족하다고.

관계 맺기의 두려움

소희와 같은 학업중단 청소년에게 학교로 복귀하고 공부를 시작한다는 것은 단순한 결심과 실천만으로 가능한 게 아니다. 통제받지 않고 돌보지 않았던 삶에서 에너지의 방향을 바꾸고 이전의 경험과 감정을 새로운 환경에 맞도록 스스로 다스리는 일, 이전의 사회적 관계와 단절하고 새로운 관계를 형성하는 일, 풍요로운 환경 속에서도 충분히 어려운 일을 소희는 제반 조건이 열악한 상황에서 혼자 해내야 했다. 자신의 시간과 관심사를 새로운 학습 과업과 관계에 온통 쏟아부어야 그저 따라갈 수 있었다. 이렇게 자신을 몰아붙여 대학에 입학했지만 마음 깊은 곳의 우울감, 외로움, 불안감 등은 달래지지 않았다. 마음이 혼란하자 인간관계도 안정적으로 맺을 수 없었다.

대학교에도 친구가 많이 없어요. 거의 한 사람이랑만 관계를

29

유지하는 거고요. (…) 학교라는 공간에 대해 저는 불안감이 있는 것 같아요. 학교가 완전 무섭거든요. 학교를 다닐 때 저랑 현재의 저는 달라요. 학교 다닐 때 되게, 특히나 위축되고 소극적이 돼요.

소희는 한 번 제도권을 벗어났지만, 다시 제도권 교육의 테두리에서 정규교육과정을 마칠 수 있었고 자격증도 받을 수 있었다. 하지만 대인관계는 여전히 어려운 문제였다. 오랫동안 소희를 봐왔던 사회복지사는 소희가 자신의 감정을 솔직하게 표현하는 데 미숙하다고 했다. 관계 맺기가 어려우니 대학에서 새로운 친구를 사귀거나 새로운 네트워크를 만드는 일에 에너지가 소진되었다. 사회복지사는 소희에 대해 이렇게 말했다.

다른 사람이 얘기했을 때 소희는 웃으면서 응대를 하는데, 얘 웃음은 다른 사람처럼 즐거움이나 호감을 드러내는 게 아니에요. 이 상황을 어떻게 해야 할지 모르는 멋쩍은 웃음이에요. 하지만 상대방은 얘가 웃으니까 괜찮고 좋은 의미로 해석을 해요. 그런데 걔한테는 그런 게 아니었던 거죠. 상대방은 얘가 호의적인 태도를 취하니까 괜찮은지 알고 얘한테 계속 가까이 오고 친하게 지내는데, 얘는 그게 계속 힘들어요. (…) 그래서 저는 그런 얘기를 해줬어요. 그럼 네가 얘기를 해라. 나는 이런 게 불편하고 힘들다든지. (…) 왜냐면 네가 명확하게 그 사람들한테 뭐가 불편한지 지금은 알고 있지 않냐. 그런 얘기를 해라. 나는 사람하고 어색하고 가까워지는 데 시간이 걸린다고.

소희가 대인관계에서 불안을 느끼는 또 하나의 원인에는 끝없는 죄책감과 자신의 이중성에 대한 환멸이 있었다. 가출과 동거를 반복하던 시절, 비행을 저지르던 자신의 모습을 스스로 용서하지 못하고 있었다. 그때의 모습과 지금 대학생으로 변화한 자신의 모습에서 간극을 경험했고, 그 괴리감 속에서 자신이 가식적이라는 생각, 본래의 모습을 찾지 못하는 데서 오는 소외감 등을 느끼고 있었다. 소희는 사회적 규범을 넘나들었던 과거와 화해하지 못하고 있었다. 하지만 비단 이 문제는 소희에게만 국한되는 것이 아니며, 소희가 혼자서 온전히 책임져야 하는 것도 아니다.

청소년기 때 그런 행동을 했던 것. (…) 이중적이라고 느껴져서 제가 너무 싫어지더라고요. 네가 이러고 있어? 지금? 자아비판? 제가 원래 제 자신에 대한 인식 자체가 좀 부정적이에요. 자책감을 느끼는 일은 가출…. 술 먹고 담배를 폈다든가, 그 외의 것들도 많아요. 청소년들이 흔히 할 수 있는 범죄

31

를 많이 저질렀어요. 술 먹고 취한 사람들 주머니 뒤져서 돈 빼어가고….

다행히 소희는 스스로 문제를 인식하고 도움을 받을 곳을 찾았다. 복지시설을 잘 이용해오던 경험 덕분이었다.

항상 불안감이 있어서 상담을 받았어요. 작년에는 약물 치료도 같이 받았어요. 의사 선생님이 저같이 청소년기가 불안했던 사람들은 늘 겪을 수 있는 거니까 너무 그렇게 생각하지 말라고….

지금도 힘들면 주위에 얘기할 사람이 없으니 상담시설을 찾는다. 본인이 상담에 매우 의존적이라는 것도 알고 있다. 학교생활에 틈이 있으면 상담사가 알려준 방법을 실천해보곤 한다. 학업과 병행하느라 그 방법을 실천하는 데 매진하지는 못하지만 소희는 살아가기 위해, 견뎌내기 위해 최선의 노력을 다하고 있었다.

—

2022년, 스물여덟 살이 된 소희는 대학을 졸업하고 직장을 다니고 있다. 처음엔 사회복지사로서 일을 시작했는데, 오래 버티지 못했다. 지금은 사무직으로 다른 직장을 다니고 있지만 여전히 어려움은 계속되고 있다. 하지만 사회복지계에서 자신의 커리어를 쌓고 미래를 개척해가려는 노력은 꾸준히 하고 있다. 올해는 합격이 어렵다는 사회복지사 1급 자격증도 땄다. 다만 자기가 현장에서 계속 일하는 데에는 한계가 있다는 것도 분명히 알고 있었다. 그 한계는 해결되지 않는 외로움과 자신을 있는 그대로 받아주고 포근히 안아줄 관계에 대한 갈망이었다. 지금도 소희는 남자친구, 그리고 옛날부터 알아왔던 한두 명밖에 친밀한 인간관계를 맺지 못한다. 누구도 밑바닥까지 소희를 이해하고 소희 편이 되어줄 사람은 없어 보였다.

외로움을 많이 타요. 사랑을 못 받아서. (…) 몸이 힘든 것보다 마음이 힘든 게 더 괴로운 것 같아요. 몸이 힘들면 병원 치료를 받으면 되지만 마음 치료는 훨씬 어려우니까요.

우울을 견디는 삶, 소희

가난한 가족은
왜 우울한가?

나는 소희가 검정고시를 통과하고 대학에 입학해서 사회복지를 공부하고 있다는 소식을 들었을 때 매우 기뻤다. 똑똑하고 당찬 소희가 역시 세상에 보란 듯이 그 일을 다 헤쳐나갔구나, 라고 생각했다. 그런데 대학생활을 하는 소희를 다시 만났을 때 여전히 10대 때처럼 우울하고 관계 맺기를 어려워하는 모습을 보고 의아했다. 힘들면 아직도 과하게 술을 마시고 사귀는 사람들도 예전 친구들의 범위에서 별로 많이 벗어나지 못했다. 그를 오랫동안 보아왔던 사회복지사도 역시 이 부분을 설명하지 못했다. 왜 불안이나 우울과 같은 정서적인 문제가 세대를 이어 반복되는가 하는 질문이 계속 머릿속을 맴돌았다.

빈곤문화론의 아우라

소희네 가족은 빈곤 상태와 결합된 여러 가지 문제점을 가지고 있었다. 소희를 포함한 가족 구성원들이 정신적 취약성(우울증), 폭력, 알코올·약물·도박 중독 등의 문제행동을 보였다. 이러한 문제행동들은 빈곤 극복을 위한 합리적 판단, 장기적인 계획 설계, 실천 의지 등을 약화시킨다. 장기적 빈곤층에게는 비슷한 문제행동이 동반되는 사례가 많고, 이런 가정환경에서 성장한 아이들은 규칙적이고 목표지향적인 학교생활에 잘 적응하지 못하는 경향이 있다. 아이들이 보기에 통제력과 집중력이 요구되고 규범과 질서를 강조하는 학교환경은, 자신에게 익숙한 풍경이나 습속과 많이 다르기 때문이다. 이 중에 탈학교하거나 학력 경쟁에서 실패하는 아이들은 사회적 낙인을 경험하게 된다. 우리가 쓰는 '못 배우고 가난한 놈들', '게으르고 무능한 사람들', '악다구니하며 싸우는 집구석' 같은 표현들은 모두 이런 문제행동을 비난하며 낙인감을 주는 말들이다.

빈곤과 결합된 문제행동을 학문적으로 설명한 사람은 미국의 인류학자인 오스카 루이스이다. 그는 1950년대 멕시코 빈민지역의 한 가족을 문화기술지 방법으로 연구해 『산체스네 아이들』이라는 책을 출간했다. 이 책은 문화기술지로서 훌륭하다는 평가와 함께, 빈곤 대물림 문제를 경제나 사회 문제가 아닌, 집단구조 내에 뿌리내린 하위문화로 설명했다는 점에서 큰 반향을 일으켰다. 그가 주장한 하위문화의 특징은 운명주의, 무력감, 의존심, 열등감 등이었다.

이 연구를 필두로 미국에서는 '빈곤문화론'이 1980년대까지 강력한 영향력을 행사했고 지금도 여전히 빈곤층의 품행을 설명할 때 강한 각인 효과가 있다.

멕시코 빈민지역의 문화는 민족문화나 인종주의가 결합되어 있기 때문에 한국 상황에 그대로 등치시킬 수는 없다. 하지만 빈곤층의 문제행동과 습속을 묘사할 때 빈곤문화론은 많은 근거를 제공한다. 앞에서 언급한 '못 배우고 가난한 놈들' 같은 표현을 우리가 일상에서 사용할 수 있는 것도 같은 맥락이다. 빈곤이 그들의 하위문화에서 비롯된 게으름, 체념, 무력감 등의 문제행동 때문이지 사회구조적인 문제 때문은 아니라는 것이다. 즉, 성실하게 일해서 저축하고 배우는 일을 하기보다는 게으르고 무기력해서 열심히 살지 않으며 오히려 술을 마시거나 노름을 한다는 것이다. 이렇게 묘사하면 빈곤층이 양산되는 경제적이고 사회적인 원인이 아니라 부정적이고 나쁜 태도가 부각되면서 비난의 화살은 개인에게 돌아간다. 더욱이 이런 특성이 주거지역과 결합하여 지역문화를 형성하고, 대를 이어 가족문화 내에 하나의 습속으로 학습된다고 여겨지면 훨씬 강력한 사회적 낙인감이 주조된다.

하지만 빈곤문화론에 대한 비판을 받아들인다고 해도 여전히 문제는 남는다. 소희네 가족에게서 보듯이 문제행동이 하나의 습속으로 전수되는 양상이 현실에서 실제로 관찰되기 때문이다. 그렇다면 소희네 가족들이 보여주는 문제행동도 이런 빈곤문화에서 비롯된 것이고 결국 문화적으로 전수되는 습속일까? 문화로 전수된 것이기 때문에 결국 벗어나기는 어려울까? 문화가 아니라면, 소희가 여전히 힘들어하고 문제행동을 반복하는 것은 무엇 때문일까?

가난 = 재화의 부족?

소희는 아무도 잡아주지 않았고 여전히 외롭고 마음이 힘든 상태라고 끊임없이 호소했다. 대학을 졸업하고 충분히 일할 수 있는 자격을 갖추었지만 사람들과 관계 맺기는 여전히 어려웠다. 내면의 힘이 부족해서 쉽게 좌절하고 자기 자신으로서 온전히 서 있기 괴로운 상태라는 것인데, 이런 상황에서 누군가와 건강한 관계 맺기는 요원하다. 당당하게 자신을 드러내고 자기가 원하는 삶을 살아가도록 하는 힘을 역량이라고 한다면, 소희는 학력 결손이나 경제적 궁핍보다는 이 역량을 발휘해야 할 장면을 훨씬 더 어려워했다. 내면의 힘이 약하기 때문에 역량을 발휘하기 버거운 것이다.

그렇다면 역량, 혹은 자립은 어떻게 가능한가? 소희는 역량이 약한 상태에서 어떻게 대학 입학과 자격증의 관문을 뚫었는가? 소희에게는 검정고시를 준비할 때 도움을 준 친구가 있었고, 대학 입학을 물심양면 도와준 사회복지사와 복지관도 있었다. 즉, 자신을 믿고 손을 내밀어주는 사람들, 관계망이 있었던 것이다. 사람이 힘을 내고 노력을 하는 데는 혼자만의 결심과 성취 욕구만으로는 부족하다. 다른 사람들이 나를 어떻게 보는가에 대한 인식, 내가 사회

우울을 견디는 삶, 소희

에서 어떤 역할을 하고 싶은가 하는 사회적 욕구가 인간의 발전과 성숙에는 필수적이다. 소희는 결정적인 순간에 도움을 받을 수 있는 관계가 있었기 때문에, 힘들지만 도전해본 것이다. 하지만 몇 번의 도전으로 소희의 역량 발휘가 충분히 이뤄졌다고 하기에는 아직 부족하다. 너무 오랫동안 돌봄에서 방치되어 있었고 가난으로 인한 낙인을 받아왔다. 게다가 이런 방치와 낙인감이 조부모 대에서부터 이어져 내려왔다면 그 무기력과 절망감은 서서히 학습된 것이라고 할 수 있다. 대학 진학이란 큰 도전은 성공했지만 오랫동안 굳어진 습속은 쉽게 사라지지 않았다.

경제학자로서 평생 불평등과 빈곤 문제를 연구해온 아마티아 센은 『자유로서의 발전』에서 빈곤은 단순히 재화의 부족이 아니라 자유로이 자신의 능력을 발휘하려는 역량의 박탈이라고 설명했다. 빈곤 상태로 인해 건강한 관계 형성과 욕구 발현의 기회가 수없이 좌절되고 박탈되면 사람들은 누구나 문제행동을 보인다. 빈곤 대물림은 이런 박탈의 경험이 대를 이어 축적되고 불평등한 사회구조로 고착되는 과정이다. 특히 아동기에 문제행동이 만연한 환경 속에 노출되면 문제행동은 빈곤을 대물림하듯 학습을 통해 대물림될 수 있다. 소희는 할머니, 어머니, 자신으로 이어지는 알코올중독을 얘기했다. 이는 한 명의 개인이 겪는 개별적인 문제가 아니라 조건과 환경, 학습, 습속에 의해 만들어지고 이어져 내려오는 악순환의 고리인 셈이다.

빈곤 대물림의 환경과 거기서 얻어진 습속에 변화가 생기려면 훨씬 더 오랜 시간이 필요하다. 엄마의 뱃속에 있을 때부터 환경에 의해 영향을 받고 한 사람의 영혼 속에 깊이 각인된 습속이기 때문이다. 나는 소희가 아마도 비슷한 어려움을 한동안 계속 겪을 것이라고 생각한다. 이는 사회적 자아와 역량 발휘의 불안정에서 비롯된 것이지만, 소희의 잘못이 아니며, 소희 혼자서 겪고 있는 일도 아니고, 소희 혼자서 해결하라고 방치해둘 문제는 더더욱 아니다. 우리가 소희와 같은 청년들을 좀 더 오래 관심을 갖고 지켜보며 관계 맺기를 지원해줘야 하는 문제이다.

"

좋은 아빠가
되고 싶어요

"

바르고 성실한 청년,
영성

◆

처음 영성을 만난 것은 영성이 고등학교 2학년 때였다. 영성을 인터뷰 대상으로 추천해준 선생님은 영성이 너무도 모범적이고 바른 아이라고 했다. 아무도 시키지 않아도 혼자 칠판을 지우고 분필을 정리하며 수업을 준비해주었다고 한다. 학교에서 보여준 그런 모습은 영성이 지닌 반듯함의 일부였다. 내가 지켜본 영성은 삶의 모든 순간을 그렇게 살아가고 있었다. 공부할 때, 군복무할 때, 아르바이트를 할 때, 가족들을 대할 때, 여자친구를 사귈 때조차 영성은 최선을 다하지 않은 적이 없었다.

고등학교 때 공부를 죽어라고 했죠. 공부를 워낙 못했으니까. 살면서 책을 한 번도 안 들춰본 애니까. 아무리 공부를 열심히 해도 10년이란 (공부 안 해왔던) 세월을 2년 만에는 못 메우겠더라고요. 결국 올리다 올리다 올린 게 3등급대였어

43

요. (…) 고등학교 때 보충수업하고, 선생님한테 매일 가서 물어보고, 야자하고 도서관 가서 또 1시까지 공부하고, 그렇게 3년을 살았어요.

영성은 자신이 처한 조건하에서, 모든 일에 최선을 다했다. 그럼, 심성이 착하고 모범적인 영성은 노력에 대한 보상을 받았을까? 아니다. 오히려 가혹한 날들이 이어졌다.

청춘 잔혹기 1: 가족

영성은 어릴 때 경기도 S시에 살았다. 그때는 그나마 안정된 생활을 했다. 학원에 다니고 체육관도 다니면서 좋아하는 운동을 했고 친구들과도 잘 지냈다. 문제는 충청도 D시로 이사해서 부모님이 음식점을 열면서부터 생겨났다. 처음엔 잘됐던 음식점이 불황을 맞으며 매출이 떨어지기 시작했고, 부모님 간의 관계도 안 좋아졌다. 그러던 중 의지할 곳을 찾던 어머니는 사이비 종교에 빠져서 돈을 갖다주더니 급기야는 집을 나가버렸다. 아버지는 어머니를 찾아 전국을 돌아다녔고 영성은 여동생과 집에 남겨졌다. 그때 영성은 고1이었다.

D시에 저랑 여동생만 있으니까 도와줄 사람이 없었어요. G시에 사는 고모가 오라고 해서 이리로 이사 와 얹혀살았어요. 전학 와서 만난 친구들이 우리 집에 놀러 가자고 하면 제 집이 아니니까 초대를 못 했어요. 고2 올라가면서 아빠가 어떻게 어떻게 재개발 금지구역인 산속에 컨테이너를 하나 얻어서, 방도 없는데 네 식구가 같이 있었어요. 아빠가 엄마를 어떻게든 끌고 와서 사는데, 엄마는 말도 안 해요. 가족들이랑 말도 안 하고 그냥 집에만 있고…. 아빠도 엄마는 데려왔으니까 무너져가는 가구회사를 인수해서 운송업 한다고 뛰어다니시고요. 집안일은 제가 다 했죠. 제가 중학교 때 부모님이 음식점 할 때부터 밥하고 계란찜 하고 빨래도 갰어요.

그러다가 고3 때 아빠 회사가 부도가 났는데, 정식으로 파산 신청을 못 하는 거예요. 왜냐면 집에 재산은 없지만 물건들에 압류가 들어오면 길바닥에 나앉으니까. 파산 신청 같은 법적 조치를 정식으로 신청하기 많이 힘들었나 봐요. 그래서 대학등록금도 국가장학금을 받는데, (전액을 다 받는) 1등급을 못 받고 부분만 받았어요. 나머지 등록금은 고3 끝나고 겨울에 벌어서 해결했죠. 그때 아빠가 사업 다 망하고 밑바닥까지 내려간 데다가 허리도 다치셔서 되게 안쓰러웠어요.

영성의 청소년기에 가족이 뿔뿔이 흩어질 뻔한 위기

바르고 성실한 청년, 영성

는 가난에서 왔다. 그리고 이 가난은 아버지 대에서부터 시작한 것이었다. 영성의 아버지는 자녀가 많고 급속한 산업화의 시기에 이촌향도移村向都를 하면서 가난해진 전형적인 가족 안에서 성장했다.

아버지는 9남매 중에 밑에서 세 번째예요. 고모들은 힘든 고모도 있지만 평범하거나 그래요. 작은아빠도 사업을 했는데 남자 쪽이 경제적으로 다 안 좋죠. (…) 할아버지는 저 어렸을 때 돌아가셨어요. 아빠는 어릴 때 충청도에 있는 C댐 근처에서 살았는데, 그때는 할아버지가 부자였고 댐 근처에 땅이 많았대요. 큰아버지랑 동생들을 대학에 보내야 하잖아요. 학비를 대는 게 힘들어서 땅 팔고 그러다 보니까 점점 어려워졌대요. 대학을 다 보낸 건 아니고, 큰아빠 가고, 작은아빠 가고요. 저희 아빠는 집이 힘들어지니까 고등학교 끝나고 3년 동안 가출을 했대요. 입 하나 줄인다고 나가서 가족들한테 연락도 안 했대요. 나중에 고모에게 연락이 왔는데, 아빠가 화물 운송인가 하다가 교통사고를 당해서 연락이 갔다고 하더라고요.

경제력이나 가족 배경, 학력 등 사회적 자본◆ 없이 살아온 아버지는 어려움에 처했을 때 도움을 얻을 곳이 없었다. 가난한 가정의 빈약한 사회적 자본은 위기가 닥

처왔을 때 자녀의 성장기에 고스란히 부정적인 영향을 준다. 더욱이 영성의 가족은 외가 쪽과 아예 관계가 틀어져서 연락도 잘 하지 않았다.

외가 쪽과는 종교적인 문제도 있고, 금전적인 문제도 있고, 의견 문제도 있어요. 한번 엄마 아빠가 종교 문제 때문에 이혼할 뻔했는데 외가 쪽에서는 도와주지 않았어요. 그 후 친척들하고 잘 만나지 않아요. 명절 같은 때는 집에만 있어요.

친척들 간의 불화와 다툼, 왕래 없음은 여러 가난한 가족들 내에서 종종 발생하는 일이다. 그렇지 않아도 부족한 사회적 자본이 더욱 빈약해지는 결과가 되는 셈이다.

청춘 잔혹기 2: 일과 학업 병행

영성은 고등학교 때 열심히 공부한 덕에 무난히 입시에

◆ 개인이 사회적 관계 안에서 형성한 정체성, 가치 등과 함께 신뢰, 협력, 상호작용을 통해 집단 안에서 효력을 발생시키는 것을 말한다. 빈곤 논의에서는 비빈곤층은 경제적 자본도 갖추고 있지만 사회적 자본의 힘에 의해 기존의 부를 더욱 지킬 수 있다고 보는 반면, 빈곤가정은 경제적 자본도 부족하지만 사회적 자본의 빈곤으로 인해 빈곤 상태가 유지되고 세대를 이어 전수된다고 설명한다.

성공했다. 예상과 달리, 지원한 네 군데 학교 중 세 곳에 합격했지만 대학 등록금과 생활비를 대줄 수 없다는 부모님 말에 집에서 가까운 공과대학을 갔다. 3년제인 이 학교는 산학협동으로 성적이 좋으면 대기업에 취직할 수 있었다. 하지만 합격의 기쁨보다 아르바이트를 해서 학비를 벌어야 하는 일이 시급했다.

대학교 1학년 때 많이 벌면 이백이 들어오더라고요. 한 달간 알바 세 탕을 뛰니까. (…) 주말 야간에 편의점 알바를 하고, 학교 끝나고 평일 야간에 당구장 알바, 그리고 간간히 일 들어오면 가구 배달업을 했어요. 만약 그 세 개의 일이 겹치면 잠을 못 자요. 평일에 가구 배달 일을 도와달라고 하면 당구장 끝나고 새벽에 가서 가구 배달을 해요. 만약 주말에 가구 배달 일을 도와달라고 하면 금요일 저녁부터 토요일 새벽까지 편의점에서 일하고 다음 날 아침에 자지도 못하고 하루 종일 가구 배달을 해요. 그러고 저녁에 또 편의점에 일하러 가요. 이렇게 이틀을 잠 못 자고 알바를 했어요. 대학 들어가기 전에는 편의점이나 당구장 알바를 하다가, 간간히 방송국 알바도 단기로 뛰었어요.

아르바이트를 하면서 말 그대로 노동력을 착취당한 적도 있었다. 영성은 군대를 제대하고 휴학 기간이 남아서 말레이시아 유학원에 취직을 했다. 말레이시아 현지에서 어학연수를 온 한국 아이들을 관리하는 일이었다. 그런데 그 유학원에는 직원이 세 명밖에 없었다. 원장, 부장, 영성. 처음에는 아이들만 관리하는 일이라고 얘기를 들었는데, 가서 보니 PPT를 만들어서 유학 프로그램을 설명하고, 수업도 진행하고, 부모님 상담도 해야 했다. 그러고도 봉급은 80만 원밖에 못 받았다. 비행기표, 숙박비, 식대를 모두 유학원에서 제공해주기 때문이라고 했다.

노동착취도 그런 착취가 없어요. 그래도 말레이시아에 있기 때문에 어찌해볼 도리가 없었어요.

영성은 대학 등록금과 용돈을 모두 스스로 벌어서 충당해야 했다. 이렇게 아르바이트를 병행하면서 대학에서 학업을 이어가는 것은 쉽지 않았다. 영성은 좋은 학점을 받아야 원하는 직장에 취직할 수 있는데, 공부에만 전념할 수 있는 여건이 아니었기 때문에 좋은 학점을 받는 것이 불가능하다는 것을 알았다.

그 당시에 학교에서밖에 공부를 안 했거든요, 나머지 시간에는 다 알바를 하니까. (…) 제가 그때 섭섭했던 것은, 친구들이 놀 때 저를 안 불러준 거예요. 제대하고 "야! 왜 나는 맨날 안 불러줬냐?"고 하니까 친구들이 "너 알바하느라 나랑 못 놀았잖아" 그래요. 그 정도로 학교 밖에서는 맨날 일하고 학교에서는 공부만 했거든요. 한 친구랑은 공부만 하러 다녔어요. 학교 도서관에서 공부하고, 쉬는 시간에 공부하고, 필기한 걸 공유하고요. 그렇게 공부만 해서 3.7을 맞았어요. 그 친구는 4.4를 맞더라고요. 걔는 집에서도 공부를 하니까. 그 당시에 친구는 알바를 안 했어요. 나중에 제대하고 얘기를 들었는데, 2학년 되니까 학업 수준이 확 높아지고 친구가 알바도 하니까 성적이 안 나온다고 하더라고요. 그게 4.1이었어요.

영성은 고등학교 때처럼 성실하게 공부하면 대학교에서도 좋은 성적을 받을 수 있다고 생각했다. 하지만 대학교에서는 아르바이트도 병행해야 했기 때문에 좋은 성적을 받는 것이 근본적으로 어려웠다. 영성이 처한 조건과 환경이 그가 능력을 맘껏 발휘하는 데 장애가 되는 셈이다.

대학교 와서 공부에는 그렇게 최선을 다 못한 것 같아요. 왜냐면 알바해야 하니까…. 성적도 3.7이 그렇게 좋은 게 아니에요. 4.0이 넘었으면 좋겠어요. 제 욕심이라 그런지 모르겠지만, 알바로 돈 벌 때도 욕심이 생기더라고요. 노력하면 노력할수록 높은 곳을 바라보니까. 거기에 닿을 수 있을까? 이런 걸 생각하면 좀 불안해져요.

　　성실히 생활하고 그에 따른 보상을 받는 것. 영성은 이것을 욕심내는 자신에 대해 "야망이 크다"고 얘기했다. 영성이 바라는 것은 사실 가장 자연스럽고 가장 기초적인 사회적 정의를 의미했다. 하지만 아무리 노력해도 자신이 원하는 바를 이루기 어려운 상태가 가난한 청년이 처한 현실이다.

청춘 잔혹기 3: 군대생활

영성에게 군대는 또 다른 가혹한 사회였다. 뭐든 열심히 하는 성격이기 때문에 군대에서도 열심히 해서 인정을 받았지만 이런 성실함을 이해하지 못하는 사람들도 있었다. 영성은 영화 〈배틀십〉을 보고 해군이 멋있다고 생각했고 배를 너무 타고 싶어서 해군에 자원했다. 그런데 막상 들어가니 상상했던 것과는 매우 달랐다.

제일 힘든 게 제 인격을 버려야 한다는 것. 하라면 해야 되고, 하지 말라면 안 해야 돼요. 훈련소가 군인 만드는 공장이라고 느꼈어요. (…) 첫날부터 힘들었어요. 함정(군용 배)은 한 사람만 지나갈 수 있을 만큼 좁거든요. 제가 지나갈 때 누가 절 치고 갔는데, 전 누군지 몰랐어요. 뒤를 봤는데 아무도 없어서 다시 앞을 봤더니 누가 절 째려보고 가더라고요. 나중에, 제가 선임 어깨를 때리고 갔다고 하더라고요. 분명 누가 뒤에서 저를 쳤거든요. 억울해서 말도 못 했어요. 그것 때문에 싸가지가 없다고 찍혀서 힘들었죠.

하지만 타고난 성실하고 최선을 다하는 성격은 군대에서도 빛을 발했다.

제가 책임감이 있으니까 나중에는 다들 부사관 들어와라, 내가 밀어주겠다 그랬어요. 찍혀서 고생한 것도 일주일 만에 해결됐어요. 일부러 궂은일을 시키거든요. 그런데 얘가 일을 잘하는 거예요. 그래서 선임이 검사하러 와서 그랬어요. "벌써 다 했어?" 나중에 선임들이 그러더라고요. 그때 사실 저를 힘들게 하려고 그런 건데 생각보다 잘해서 자기네가 당황했다고. 저는 보람되게 군생활을 했거든요.

계급이 올라가고 후임이 들어오자 좀 편해질 것 같았던 군생활은 또다시 어려움을 겪었다.

나중에 병장 되고 나니 후임들이 싫어하더라고요. 왜냐면 어

차피 해야 하는 군생활이고, 시간은 흘러갈 거고, 대충대충
하면 되는데, 뭐 하러 그렇게 책임감 있게 하냐는 거죠. 제가
일만 하면 꼼꼼하게 하니까요.

게다가 더 큰 문제가 있었다. 군생활에서 몸을 다쳤
는데, 해결이 되지 않았다. 결국 제대를 하고 나서야 병을
찾고 치료를 할 수 있었다. 군대에서 번 돈은 이 병을 치
료하는 데 다 날려버렸다.

허리가 아픈데, 이상하게 군대 안에서 검사를 하면 결과가 안
나와서 의가사제대를 못 했어요. 제대하고 제 돈으로 MRI를
찍으니까 디스크가 나왔어요. 지금도 궂은 날이면 허리가 아
파요. (…) 다시는 전처럼 힘든 일을 못할 것 같아요.

가족이 최우선

영성은 어려운 환경 속에서도 가족들에게 최선을 다했다.
가족이란 의지할 곳이기도 했지만 다른 한편으로는 영성
을 착취하는 곳이었다. 하지만 영성은 원망하거나 탓하지
않고 언제나 가족을 최우선으로 생각했다.

아빠가 너무 힘들어서, 학원비 내줄 돈도 없다고 그러셔서 제가 동생 학원비를 내줬어요. 이백 벌 때요. 저는 고3 때 잠깐 두 달 영어학원 다녔는데, 동생은 학원비를 못 내니까. 집세도 밀리더라고요. 그것도 몇 번 드렸죠. 돈 벌 때는 부모님한테 오만 원씩 용돈 쓰시라고 드리고, 동생한테도 친구들이 집에 놀러 오면 오만 원 주고 밖에 나가서 맛있는 거 사 먹으라고 했어요.

예전에는 동생이 아무것도 안 했거든요. 부모님이 다 해주고, 아니면 제가 하거나. (둘 다 대학생이 된) 지금은 이렇게 둘이 같이 사는데 (…) 집안일도 같이 분담해서 해요. (…) 동생도 많이 컸다고 생각해요.

심지어 몸을 혹사해가며 아르바이트를 세 탕이나 뛰어서 등록금을 벌 때도 가족들은 그에게 손을 벌렸다.

제가 스무 살 때, 돈 벌면 아빠가 돈 좀 달라고 했어요. 되게 미웠어요. 남들은 부모가 친구들하고 맛있는 거 사 먹으라고 하는데, 아빠가 몸도 안 좋은 건 이해하지만 돈 달라는 게 서러운 거예요. 사정은 알지만 그때 제가 한 달에 알바를 세 탕 뛰었거든요. (…) 그렇게 하면 이백이잖아요. 그런데 아빠는 백만 원 좀 달라고 했죠. 등록금 갚고 나서 아빠가 계속 달라고 하더라고요.

나는 영성을 보면서 이런 의문이 들었다. 영성은 가족이 자신에게 꼭 도움이 되기만 했던 것은 아닌데도 왜 가족을 위해 여러 가지 결정을 할까? 영성네 가족은 어려움을 겪고 헤어지는 위기도 있었지만 결국엔 다시 결합하였고 지금은 화목한 예전 관계를 되찾았다. 영성의 성장기에 부모가 보여준 이런 과정은 삶에서 하나의 롤모델이 된 것 같았다. 영성이 노력하는 많은 일들 안에는 '화목한 가족'이 가장 중요한 목표로 자리 잡혀 있었다.

친한 형이 그런 말을 하더라고요. 제가 그때 그렇게 했기 때문에 지금 불가능은 없다고 생각하는 거라고요. 저는 제가 삐뚤어지지 않고 열심히 산 것을 잘했다고 생각해요. 고등학교 때 공부하느라 힘들긴 했지만, 공부보다는 가정이 흔들렸던 게 더 힘들었어요. 경제적인 거야 남들 눈치 안 보고 살면 그나마 견딜 수는 있지만, 가정 내에 불화가 있으니까 그게 많이 힘들었죠.

공부를 열심히 한 가장 큰 이유는 가족이죠. 왜냐면 안 좋은 관계에 있었고, 내가 이 가정을 이끌어야겠다고 생각했거든요. (…) 내가 지금 상황에서 최선을 다해서 부모님한테 효도를 한다면 지금 가진 것에서 돈 없이 할 수 있는 게 공부밖에 없다. 그래서 죽어라 했죠.

(…) 내가 이렇게 공부도 안 하고 부모님 말씀도 안 듣고

살아왔던 게 후회스럽고 죄송하더라고요. (…) 중학교 때 너무 싸가지 없게 대들어서 집에서 쫓겨날 뻔했죠. 그때 처음으로 아빠한테 맨손으로 맞았는데 뼈에 금이 갔는지 팔이 부어서 잠도 못 자겠는 거예요. 머리에 혹도 나고요. 그때는 부모님이 생고생하면서 공부하라고 하고 집도 있고 밥도 해주는데 고마움을 몰랐죠. 나중에 쌀 살 돈도 없고 밖에 나앉게 되니까 그때 부모님의 노력이 되게 감사하더라고요. (…) 지금 아쉬운 건 그 사랑을 부모님한테 못 돌려드린다는 거예요. 역으로, 받았던 사랑을 다시 못 베푼다는 게 아직도 아쉬워요.

영성은 자신이 삐뚤어지지 않고 온 힘과 마음을 다해 노력하면 원하는 것이 이루어진다는 확신이 있었다. 그것은 자신의 경험에서, 특히 가족이 해체 위기까지 갔다가 회복하는 과정에서 얻은 신념이었다. 이 신념의 핵심에는 가족이 있었다.

꿈꾸는 미래

2018년 마지막 인터뷰 때 영성은 휴학 중이었고 아르바이트로 대기업 디스플레이 개발 부서에서 보조 연구원으로 일하고 있었다. 미래를 구상해볼 수 있고, 출퇴근도 용이

한 좋은 일자리였다.

학교가 3년제지만 4학년까지 공부할 수 있어요. 그러면 학사 학위가 나오는데, 저희 회사 같은 경우에는 학사학위가 있어야 연구원 지원이 가능해요. 만약 3년제로 그냥 졸업하면 기사인 기능직을 지원할 수 있죠. 지금은 두 가지 길이 있어요. 기능직인 기사를 할 거면 졸업하고 바로 지원해도 되고, 연구원을 할 거면 졸업하고 다시 4학년을 신청해서 학사를 따고 지원을 하는 거죠. 둘 중에 뭘 할까가 고민이죠. 기능직은 정해진 시간만 일하면 되는데, 연구원 같은 경우는 야근도 많이 하니까 가정에 충실하지 못할 것 같아서…. 모르겠어요. 기능직을 하면 계속 똑같은 일을 해야 하고, 연구직은 업무가 힘들기는 하지만 자기를 계발할 수 있는 기회가 있으니까.

선배들은 다 기능직이 좋다고 해요. 기능직은 24시간 중에 정해진 시간만 일하면 되니까요. 페이는 좀 다르죠. (…) 공부를 열심히 해야죠. 알바는 생활비만 벌고, 등록금은 방학 때 바짝 벌고 또 투잡 뛰고 그래야죠.

일과 미래를 계획할 때도 영성은 자신이 꾸릴 가족에 큰 비중을 두었다. 내가 만나본 다른 청년들과 달리 영성이 생각하는 삶의 목표는 '행복한 가정 꾸리기'였다.

거기 연구원들 보니까 일찍 결혼한 사람들이 많아요. 되게 부러워요. 보통 학생 때 만나서 7년 연애하고 결혼하더라고요. 나도 그러는 게 로망이거든요. (…) 제 삶에서 우선순위가 가정이에요. 하지만 가정을 꾸리기 위해서는 직장이 있어야죠. 직장생활에서 뭔가 빛을 발하고 오래 하고 싶으면 나만이 할 수 있고 내가 좋아하는 일을 해야 하고요.

삶의 우선순위가 가정이 된 것에는 원가족의 영향이 컸다. 가족이 불화를 극복하고 재결합했을 때 그 안정감과 행복감이 얼마나 큰지 경험했기 때문이다.

저희 부모님이 힘들었잖아요. 나중에는 다 극복해나가고 지금은 더 좋아졌잖아요. 저는 그런 사랑을 봐왔기 때문에 그게 맞는 거라고 생각했어요. (…) 전 결혼을 빨리 하고 싶거든요. 빨리 따로 독립을 하고 싶어요. 그래야 부모님한테 짐도 덜 되고요. 나중에 자식도 낳아서 부모님한테 효도하고 싶어요. 20대에 결혼을 해야 건강한 2세를 낳는다고 하잖아요. 저는 어릴 때 아빠랑 여행을 자주 갔거든요. 자식한테 그런 걸 해주고 싶어요.

여자친구 있을 때는 제가 감정 소비를 많이 하기도 했지만 미래 걱정도 힘들었어요. 내가 앞으로 뭐 해 먹고살지? 여자친구랑 잘돼서 결혼을 한다면 이 여자친구를 먹여 살려야 하고 내 가정이 생기는 건데, 먹여 살리려면 뭔가 있어야 하잖아요. 그러려면 준비를 해야 하는데 내가 원하는 건 가정적인 아빠고….

제 꿈이 좋은 아빠거든요. 남들은 꿈 하면 직업을 말하잖아요. 그런 얘길 들으면 갑갑한 거예요. 좋은 직업을 가지려면 한참 걸릴 거고, 단지 돈 벌려는 수단으로만 직업을 선택하면 제 삶이 힘들 거고요. (…) 다들 좋은 아빠는 꿈이 아니라고 하더라고요. 내가 하고 싶은 게 꿈이고 그걸 찾으라고요. 자식과 아내, 가족을 위해서 자기를 다 바칠 거냐고, 가족은 꿈과 별개라고 그러더라고요. (…) 고민이 많았죠. 미래에 대해서. 결론은, 현재의 삶에 최선을 다하자, 그때 가면 길이 보이겠지, 이런 생각이에요. 지금은 최선을 다하자고 생각해요.

최선을 다하면 보답받는다는 신조는 그가 길지 않은 삶을 살면서 갖게 된 좌우명이었다. 자신의 자리에서 노력을 하니 가족도, 대학도, 돈도 가질 수 있었다. 하지만 대학에 오기까지는 그 좌우명대로 잘 흘러왔는데, 앞으로의 삶이 걱정이었다.

저는 고등학교 때, 내가 지원하는 대학교에 붙을 수 있을까 하는 생각을 많이 했거든요. 신기하게 면접 본 것 중에서 하나 빼고 다 붙으니까 '아, 내가 최선을 다하니까 결과가 좋구나' 생각했어요. (…) 지금 20대에는 엄청 많은 길이 있잖아요. 제가 노력하는 건 몇 가지 안 돼요. 그 많은 길 중에… 내가 노력해서 과연 거기까지 올라갈 수 있을까? 가정을 꾸리고 원하는 직장에 취직하고 내 전공을 살려서 나만 할 수 있는 일을 하는 거요. 그런 게 이제 불확실하니까요. 과연 내가 할 수 있을까? 이런 생각이 들어요.

영성은 현재 상태를 자신의 노력에 대해 작은 보답을 받은 것이라고 여겼다. 하지만 과연 이렇게 열심히 노력하고 몸을 다칠 정도로 일하는 20대에게 우리는 잘하고 있으니 계속하라고 얘기할 수 있을까? 영성은 인터뷰 내내, 여행도, 다른 해보고 싶은 일도, 친구들과의 놀이문화도 전혀 언급하지 않았다. 아마도 그것까지 생각할 여력은 없어 보였다. 영성이 대견하고 대단해 보이면서도 안쓰럽고 안타까웠다. 우리의 20대 청년들이 이렇게 여유도 없이, 안전함도 없이, 쾌락도 없이 줄기차게 노력만 하면서 살아야 할까, 라는 의문이 생겼다. 그들에게 '젊어서 고생은 사서도 하'고 '아프니까 청춘이다'라고 쉽게 말해도 될까?

가족에 대한 애틋함은
어디에서 온 것일까?

나는 영성을 만나면서 내내, 그에게 부모와 가족이란 무엇일까를 곰곰이 생각해보았다. 부모가 방치하다시피 자신을 돌봐주지 않았던 청소년기에, 그리고 힘들게 모은 등록금을 달라고 했을 때, 영성은 부모에게 화를 내고 거부했어도 이해될 일이었다. 그런데 영성은 부모에게 뭔가를 더 해주지 못해서 안타까워했고, 자신의 불성실했던 삶도 모두 부모에게 죄송한 일이었다. 심지어 빨리 결혼해서 화목한 가족을 이뤄 부모에게 잘 해드리고 싶다는 소망을 갖고 있었다. 위기에 처한 가족을 다시 복원하려면 자신이 공부를 열심히 해서 가족을 일으켜야 한다고 생각했다. 1970년대에나 만나봄 직한 아이였다. 워낙 심성이 곱고 심신深信이 있는 청소년이었기 때문에 그럴 수 있다고 봤다. 하지만 개인의 성품과 신념을 넘어서는 무엇이 더 있어 보였다.

내가 연구를 하면서 만난 어려운 환경의 청소년들은 대부분 가족에 대해 애틋한 마음을 가지고 있었다. 고생하며 키워준 부모님에게 고맙고 나중에 돈 벌어 잘 해드리고 싶다는 얘기를 많이 했다. 더 나아가 최종학력이 낮고 경제적 곤궁함이 심해서 가족 해체를 경험한 청소년들은 "빨리 결혼을 하고 싶다", "평범한 가정을 갖고 싶다", "자녀를 낳으면 뭐든 해주고 싶다"는 얘기도 많이 했다. 취업을 빨리 해서 가족으로부터 독립해야겠다고 생각했고, 자립해서는 가족을 돕겠다고 했다.♦ 인문계 고등학교보다 가난한 가정의 청소년 비율이 상대적으로 높은 특성화 고등학교 교사는 "아이들이 일찍 철이 들고, 속이 깊은 편이다"라고 말했다. 물론 이들은 학교 출석률도 좋지 않고 사고도 많이 치지만, 그것과는 별개로 개별 아이들의 속 얘기를 들어보면 "성숙"하다고 했다. 그렇다면 무엇이 이들로 하여금 가족에 대해 애틋한 마음을 갖게 하고 성숙하게 만들었을까?

'정상가족' 프레임

김희경의 『이상한 정상가족』은 아빠-엄마-자녀들로 이뤄진 가족만을 '정상'이라고 보는 프레임에 대해 설명한 책이다. 이 책에 따르면,

---

♦　성열관·김정숙, 「'가난하지만 성실한' 고등학생들 연구: 빈곤 청소년의 학교적응 특징을 중심으로」, 『한국교육』41(2), 2014.

정상가족 프레임은 이 프레임 밖에 있는 비정상가족을 모두 소외시키며, 여기에서 다양한 문제들이 발생한다. 정상가족 프레임은 한국사회에서 강력한 힘을 발휘한다. 모든 문화와 정책의 기본 단위가 되고 어떤 바람직한 삶의 표상이 된다. 이 때문에 중산층은 부와 권력을 세습시켜 안전한 '정상가족'을 자녀 세대도 이어가길 바란다. 자녀들에게 경쟁에서 이기기 위한 갖은 노력을 다 요구하는데 이는 '우리 집, 우리 애만 잘되면 된다'라는 가족이기주의를 만든다.

정상가족은 사회문화적으로도 강력한 밈이 되어 있다. '또 하나의 가족'과 같은 상품 브랜드, '가족 같은 분위기'에서 운영되는 회사라는 말이 긍정적인 의미로 통용된다. 마치 '가족' 같은 관계가 되면 모든 갈등이 녹고 문제가 해결될 것처럼 은유한다. 일종의 가족 지상주의라는 환상을 퍼뜨리는 것인데, 이는 그 관계 안에서 잘 적응하지 못하는 사람들의 어려움을 외면하고 조직사회에서 가장 약자에게 행하는 착취를 은폐한다. 부모의 계급 사다리 만들기 전략에 능숙하게 따라가지 못하는 자녀는 자기 연민과 멸시 속에 괴로워할 것이다. 부모는 학교폭력 사건이 발생해도 피해자 구제나 진심 어린 사과보다는 내 아이만 피해를 입지 않으면 된다는 생각 때문에 소송을 하고 지연작전을 쓴다. 가족 같은 분위기의 직장에서는 비정규직 직원이나 신입 직원에게 과도하게 일을 시키면서 문제가 생기면 '가족 같은 사이에 그러는 거 아니'라며 사안을 뭉개버릴 것이다.

반면, '정상가족'의 틀이 공고하면 공고할수록 그 밖에 존재하는 '비정상가족' 혹은 '가족이 없는 개인 단위'에 대한 배타성은 더욱

커진다. '1인가족', '한부모가정', '조손가정', '소년소녀가정', '장애가족', '재결합가족', '다문화가족', '동성가족' 등등 현대사회는 매우 다양한 가족 형태가 존재한다. 이들은 정상가족에 비해 각종 결핍이나 질병, 문제행동 등 많은 어려움을 중첩해서 겪고 있을 가능성이 높은데 정책의 우선순위에서는 밀려나 있다. 예를 들어 출산 지원 정책을 보면, 가장 열악한 상황에 처한 미혼모에 대한 지원 정책은 매년 줄어들고 있다. 출생률이 낮다고 많은 예산을 들여 출생을 장려한다지만, 실제로는 정상가족의 테두리 안에서만 이루어지는 일인 셈이다.

화목한 가족에 대한 박탈감

다시 영성의 얘기로 돌아와보자. 그가 미래에 이루고 싶은 '화목한 가족'은 바로 이 '정상가족'이다. 부침이 많았던 자신의 청소년기를 돌아보며 영성은 안정적이고 따뜻한 가족의 모습을 매우 갈망했고, 그것을 자신의 이상향으로 만들었다. 부모님은 그런 가정을 청소년기에는 만들어주지 못했지만 끝까지 노력했다는 것을 그는 잘 알고 있다. 그리고 우여곡절을 거쳐 결국에는 정상가족을 지켜냈다는 것이 중요했다. 사회에서 바람직하다고 여기는 가치를 자기 가족이 이뤄냈고 이를 자신의 미래에도 투영해보면서 그는 '결혼해서 아빠가 되는 것'을 자신의 미래상으로 그렸던 것 같다. 그의 소망은 가치 있는 것이지만 다른 꿈보다 우위에 있다는 점에서 나는 우리 사회의 정상가족 이데올로기가 그만큼 강력하다는 것을 느꼈다. 심성이 고운 영성은 사회의 지배적 가치를 별 갈등 없이 받아들였고 청소년기에 화목한 가족을 강렬하게 그리워했던 만큼 하나의 이상향으로 세운 것이다. 이것은 뒤집어 말하면 가족이 뿔뿔이 흩어질 위기에 처했을 때 그는 정상가족에 대한 결핍감을 심하게 느꼈고, 그로 인한 사회적 배타성과 고립감을 철저히 경험했다는 뜻이다. 이 결핍감은 영성 개인의 성향에서 온 것일 수도 있지만 사회적으로 만들어진 가치관 때문에 상대적으로 크게 느껴지는 필요 이상의 박탈감일 수 있다.

가난한 가족일수록 가족을 유지하기 위한 조건들이 취약하기 때문에 '비정상가족'일 가능성이 높고 가난한 가족의 청소년들은 상당수가 바로 여기에 속한 약자들이다. 정상가족의 배타성이 높은 사회일수록 가난한 가족의 청소년들은 소외감과 열패감을 경험한다. 가난한 가족의 청소년들은 부모가 알아서 이것저것 입시정보를 챙겨주는 정상가족 친구들에 대해서, 너무 부모에게 매여 있는 것이 "안타깝지만" 그래도 "부럽기도 하"고 자신도 "누군가가 챙겨줬으면 좋겠다"고 얘기했다. 또한 그들은 빨리 독립하고 평범한 가정을 이뤄 살았으면 좋겠다고 얘기한다. 여러 인터뷰에서 그들은 "그냥 부자도 아니고 특출 나지 않아도 되니까 우리 집이 평범한 가정이었으면 좋겠어요", "평범하게 사는 게 제일 힘든 것 같아요"라고 말한다. 평범하지 않았을 때, 다시 말해, 정상가족이 아니었을 때 경험한 편

65

견 가득 찬 시선과 차별, 배타성이 가난한 가정의 청소년들의 마음에 비수를 꽂은 것이다. 그만큼 우리 사회는 정상가족과 비정상가족 사이의 거리가 멀고 사회·문화·교육 전반에 걸쳐 차별적으로 인식하며, 정책도 부양자 중심의 혼인과 혈족 관계를 기준으로 설계하고 있다. 그 단적인 예가 생활동반자법이다. 생활동반자법은 성인 두 사람이 상호 합의에 따라 일상생활과 가사 등을 공유하며 서로 돌보는 관계일 때 사회보험, 출산휴가, 인적 공제 등의 제도에서 혈연·혼인에 의한 가족과 동등한 권리와 의무를 부여하는 것이다. 하지만 이 법은 2006년 처음 제안된 이후 계속 난항을 겪고 있고, 아직 국회를 통과하지 못한 채 계류되어 있다. 이런 사실 자체가 '정상가족'에 대한 우리 사회의 편향성을 보여준다.

화목한 가정을 갖고 싶다는 가난한 청소년들의 소망은 정상가족 프레임 밖에 있었던 자신의 처지에 대한 반응이다. 이들은 정상가족을 지키지 못했어도 부모님에게 잘 해드리고 싶다는 마음을 표현한다. 이것은 그 프레임 밖에 있다는 것이 얼마나 힘든 일인지 경험했고, 이러한 고통 속에서도 자신을 버리지 않고 지켜준 존재에 대해 고마움을 느끼기 때문이다. 영성이 부모님께 더 잘 해드리지 못해 죄송한 마음을 갖는 것도, 부모님이 힘들게 정상가족을 지켜서 주류 질서로 돌아온 데 대한 감사인 셈이다. 그 마음은 아름답지만, 반대편에서 멍들고 있을 많은 청소년들을 생각한다면 우리는 '정상가족'보다 다양한 가족 형태에 대해 더 얘기하고 관심을 모아야 한다.

"

제 경험을 활용하는 게
제 강점이에요

„

슈퍼 긍정의 에너지,
지현

◆

2011년 2월 A지역아동센터의 소개로 지현을 처음 만났을 때, 그는 대학에 합격하고 입학 전까지 여유로운 시간을 보내고 있었다. 센터장은 지현을 이곳에서 가장 모범적이고 훌륭하게 성장해서 대학까지 합격한 사례라며 칭찬했다. 지현은 활기가 넘쳤고 자신감이 있었으며 자기 얘기를 술술 풀어내는 솜씨가 청산유수 같았다. 하지만 그런 모범 사례가 빛날 수 있었던 건 지현의 성장기가 결코 녹록지 않았고 극적인 우여곡절이 많았기 때문이다.

불행에 불행이 겹치다

지현은 장애와 문제행동이 있는 부모님 밑에서 자랐다. 어머니는 고아원에서 성장했고, 봉제 기술을 배우긴 했지만 정규 학력이나 자격증을 취득하지 못했다. 아버지는 알코올중독으로 정신병원을 들락거렸다. 술을 안 마셨을 때는 다정하고 가족을 보살피는 좋은 사람이었는데, 술만 마시면 집안 살림을 부수고 가족들을 못살게 했다. 어머니는 아이들을 보호하기 위해, 말을 막 시작한 어린 지현과 동생을 데리고 집을 나왔다. 하지만 아버지는 정신이 돌아오면 어김없이 아이들이 보고 싶다며 찾아왔다. 그런 아버지의 폭력을 피해 어머니는 이사를 수십 차례 다니면서 식당 일, 청소 일을 마다하지 않고 두 아이를 키웠다. 그러던 중 지현이 일곱 살 되던 해에 어머니는 사고를 당해 머리를 맞고 쓰러졌다. 그 일의 여파로 불안 증세와 호흡 곤란, 전신 마비가 예고도 없이 찾아오는 정신장애 3급 판정을 받았다. 더 이상 일을 할 수 없게 되었다.

아무것도…. 돈이, 가족이 있는 게 아니잖아요. 엄마 쪽도 아무도 없단 말이에요. 누가 도와줄 사람이 없는 거예요. 그냥 셋이 남겨진 거예요, 세상에. 완전 막막한 거죠. 엄마는 지금 살아야겠다고 생각해서 무조건 동사무소에 가셨대요. 가서 울고불고 하셨대요. 우리가 어떻게 사냐, 당신들이 도와주지 않으면 우린 먹을 것도 아무것도 없다, 어떻게 사냐…. 그래서 거기서 기초생활수급자랑 장애 판정으로 도움을 주신 거죠.

당시 빈곤과 폭력에 시달리면서 절박했던 상황에 대해 지현 어머니는 이렇게 말했다.

애네들이 초등학교 4학년, 5학년 때, 지방에서 올라와 보증금 오백에 십오만 원짜리 월세를 얻었어요. 돈이 없으니까. 거기에 쥐가 다녀서, 쥐들하고 같이 살았어요. 그때 W사회단체에서 모금을 해서 한 칠팔백만 원 정도 모아 줬어요. 그래서 우리가 오백에 이십오만 원짜리로 옮기게 된 거예요. 방두 개에 거실 있는 곳을 얻었죠. 근데 애네 아버지가 또 찾아왔어요. 거기를 다 때려부쉈죠. 다음 날 주인한테 사오십만원 물어주고 쫓겨났어요. 그리고 다시 상가 건물에 들어가게 되었고요.

지현네 가족은 경제적·사회적 기반이 전혀 없는 상태에서, 장애와 질병을 겪고 있고 노동 능력이 전혀 없는 한부모가 생계를 이어가야 하는 절대 빈곤 상태였다. 헤어나오기 매우 힘들고, 생존하는 것 자체가 기적이었다. 그런데 그 상황에서도 지현네는 꿋꿋하게 견디고 버티며 살아왔다.

공부방(지역아동센터)을 같이 다닌 친구들이 두 명 있거든요. 초등학교 때부터 저랑 친한 애들이에요. 걔네들도 저랑

슈퍼 긍정의 에너지, 지현

비슷한 것 같았는데 저만큼 급박해 보이진 않았어요. 저만큼 급박한 친구들은 못 봐서 그런가? 걔네는 가족이 있었고 또 친척들이 있어서 자기네가 만약 못살면 도움을 받을 수 있고요. 걔네들은 제가 봤을 때 저보다 길이 많았어요. 걔네는 길이 없다고 생각할 수도 있지만 조그맣지만 자기 집도 있어요. 그런데 저희는 집도 없고 (확대)가족도 없고, 뭐 아무 기댈 곳이 없는 거예요. 그러니까 내가 일어서지 않으면 안 되는 거예요.

의지할 자원이 없는 절박한 상황이 지현네 가족의 동력을 만들어줬다고 볼 수 있다. 그 가운데에서 제일 큰 힘은 어머니였다.

삶의 동력, 어머니

내가 지현네 가족과 만난 기간은 어언 10여 년이었다. 그사이 나는 지현만이 아니라 지현의 동생, 어머니, 친구들, 지역아동센터 선생님들도 만날 기회가 있었다. 그런데 다른 친구들에 비해 지현은 훨씬 생동감이 넘치고 삶의 의지가 강했다. 지역아동센터 선생님도 "지현 같은 경우가 사실 가장 가슴 아픈 스토리가 많고, 정말 드라마틱한 삶이잖아요. 저렇게도 살 수 있을까 싶을 정도예요"라고 했다.

지현의 생동감을 설명하는 키워드는 '어머니'처럼 보였다. 지현 어머니는 힘든 일들을 숱하게 겪어온 데 비해서 삶의 에너지가 충만한 분이었다. 자녀들이 아버지 없이 살아가는 것이 그늘이 되지 않도록 노력했고, 자신의 발작과 불안 증세 때문에 응급실을 전전하는 상황에서도 웃음이나 희망을 놓지 않았다. 아이들에게 도움이 되는 정보를 찾아 기관으로부터 지원을 받고, 사회단체나 종교단체에도 적극적으로 도움을 요청했다. 이런 어머니의 노력은 아이들이 모두 잘 성장해서 직장을 얻고 사회생활을 훌륭하게 해나가는 결실로 돌아왔다. 어머니의 얘기를 한 단락 소개하면 다음과 같다.

내가 증세가 심하면 병원에 입원하거든요. 그러면 애네들이 학교를 못 가요. 아이들이 한참 공부할 나이인데 내가 아파서 아이들에게 반찬 같은 것도 제대로 못 해주고 이래서 미안했죠. (…) 그래서 나는 내 나름대로 복지관이나 장애인복지관을 알아봐서 애네들을 후원할 수 있도록 좀 잔머리를 굴리고 그랬죠. 우리가 만족할 만큼 도움을 받지는 못했어요. (한숨) 그래도 여기까지 온 것만 해도 너무 감사하다는 생각이 들어요. 모자가정 애들이나 부자가정 애들이 대부분 나쁘게 풀리잖아요. 근데 우리 아이들이 너무 순수하게 잘 컸어요. 아빠 사랑을 못 받아서 애들이 외골수가 되거나 성격이 이상하게 되지 않기를 바라면서, 내가 아이들하고 자주 대화도 해주고 아빠 역할까지 해준 거죠. 그래서 아이들이 잘 자라준 거 같아요. (…) 옛날 어른들이 그런 말씀을 하잖아요. 애비 없이 큰 애들이 싸가지가 없다고요. 근데 애들이 그런 소리 들은 적도 없고, 학교에서도 엄마랑 이렇게 힘들게 산다는 것을 모르고 컸어요.

　　어머니의 강점은 지역사회 자원을 잘 알아보고 활용한다는 점이었다. 어머니는 주민센터 사회복지과를 자주 방문해서 정부 지원과 관련된 각종 정보를 얻고, 근처 교회의 도움을 받았으며, 사회단체나 지역단체를 통해서 후원을 받았다. 지역사회복지관과 장애인복지관을 상시로 다니며 아이들이 학습 지원을 받고 친교 관계도 적극적으로 맺을 수 있도록 했다.

　　지현에게 학교에서 채워주지 못하는 교육 서비스와 학습 보충은 지역아동센터(공부방)가 해주었는데, 이곳은 초창기부터 지현네 가족과 긴밀한 관계를 맺고 있었다. 센터장은 주변에 호소해서 후원을 받는 것이 어머니의 사랑에서 나온 행동이고 어머니가 선택한 삶의 한 방편이었다고 했다. 지역아동센터는 어머니의 이런 적극적인 전략으로 도움을 받기도 했다. 어머니가 전해주는, 지역아동센터 설립 초기의 일화는 다음과 같다.

공부방이란 게 김 선생님이 처음에 재산을 털어가지고 시작했잖아요. 월세를 많이 내야 하고 시 정책상으로 없어질지도 모르는 어려움이 닥쳐왔어요. 그때 제가 공부방 학부형 회장이어서 같이 시청에 찾아갔어요. 시청 여성복지과에 가서 장애 인증을 딱 보여드리고, 우리 지역에서 만약 공부방이 없어지면 이 지역에 있는 아이들이 학교 갔다 와서 갈 곳이 없어지고 나쁘게 풀릴 수 있다, 여기 공부방이 없어지면 안 된다고 그랬더니 그 시청 직원이 자꾸 딴소리를 하면서 우리를 돌려보내려고 그러더라고요. 나는 계속 그 직원을 붙잡고 "후원해주세요" 그랬어요. (…) 그게 효과가 있었는지 팔천만 원인가 칠천만 원인가 받아서 지금 전세금이 됐잖아요.

어머니의 이런 강인함, 삶에 대한 충만한 에너지는 자녀들에게 영향을 주었다. 어려운 상황에서도 긍정적으로 생각하기, 웃음과 희망을 잃지 않기 등은 지현이 힘든 삶을 살아가는 데 중요한 삶의 태도가 되었다. 지현은 스스로를 자존감이 매우 높고 당면한 상황에서 원하는 것을 추구하는 사람이라고 평가했다.

저희 엄마가 진짜 웃기세요. 장난기가 많으시고 유쾌한 면이

75

있잖아요. 제가 엄마를 좀 많이 닮았어요. (…) 다른 부모님들은 그러시잖아요. 강제적으로 "너 11시까지 들어와" 하고, 옷이나 화장도 맘대로 못 하게 하잖아요. 그렇게 구속하면 애들은 더 하고 싶어하는 것 같아요. 그런데 저희 엄마는 제가 하고 싶은 대로 하라고 하니까 저희를 믿는 것 같아요. 딴 애들은 막 거짓말하거나 변명거리를 만드는데, 저는 사실대로 얘기할 수 있어서 좋아요.

엄마한테 감사하는 점이 있어요. 그런 힘이 나오는 게 엄마가 저희를 무한히 사랑해주고 믿음을 줬기 때문이거든요. 솔직히 아빠의 빈자리를 못 느낄 정도로. 그런 게 저를 믿을 수 있는 힘을 줬던 것 같아요. (…) 저희는 감히 할 수 없는 부분이니까. 그래서 동생이나 저나 자존감이 높은 것 같아요.

가족에 대한 책임감

지현을 잡아준 두 번째 키워드는 '가족에 대한 책임감'이었다. 불우한 환경 안에서 지현은 자신이 동생과 어머니를 돌보며 바르게 성장해야 한다고 생각했고, 공부를 열심히 해서 빨리 자립하고 가족을 책임져야 한다는 일념으로 살았다. 하지만 이 책임감은 다른 한편으로는 부담감으로 작용하기도 했다.

엄마랑 동생도 있고 저를 도와주시는 분들도 있으니 공부를 열심히 해야겠다는 생각을 했어요. (…) 공부를 안 하던 애가 갑자기 새벽에 일어나서 공부를 했어요. 그래서 고1 때 전교 6등을 했어요. (…) 그런데 고2 때는 슬럼프가 오는 거예요. 대학에 합격해도 대학등록금도 없는데 내가 뭐 하는 거지? 문제 한 개를 틀려도 부담감이 너무 큰 거예요. 문제를 한 개 틀리면 딴 애들은 '아… 문제 한 개를 틀렸네?' 이러면 되는데, 저는 엄마랑 동생 얼굴이 팍 떠오르면서 눈물이 나는 거예요. 내가 이런 것 한 개 틀리면 우리 집이 어떻게 될 것 같고 막 그러면서 부담감이 커지는 거예요. 딴 애들이 생각을 안 하는 것까지 난 왜 생각을 해야 하지?

지현에게 가족은 삶을 지탱하게 해주는 견고한 울타리였다. 가족은 지현에게 책임져야 하는 존재였고, 자신을 구성하는 정체성이었다. 성인이 되기 전에 지현은 가족을 벗어난 자신에 대해 생각한 적이 없었다. 언제나 아픈 엄마와 돌봐야 하는 동생을 염두에 두고 살았다.

나를 이만큼 도와주시는 분들이 많은데 잘해야 한다. 그 생각이 가장 컸어요. (…) 그런데 제가 대학을 가야만 저희 집안이 계속 기초생활수급자가 되어서 후원을 받을 수 있는 거예요. 만약 제가 대학을 안 다니면 돈을 벌어야 하잖아요. (…)

엄마랑 동생을 위해 기초수급권이 안 끊기려면 나는 대학을 가야겠다고 생각했어요.

지현을 강인하게 만든 원동력에는 가족들이 자신을 품어주고 아픔을 나눠주었던 따스한 경험이 있었고, 이 가족이 깨지지 않도록 자신이 책임져야겠다는 신념이 있었다. 이런 신념은 미래에 대한 생각에서도 드러났다.

제 미래 가족에 대해서는 (…) 소통하는 가족? 함께하고? (…) 애기도 낳고 싶어요. 전 가족이 중요한 것 같아요. 분명히 다른 성향을 가진 생명체가 태어날 수 있잖아요. 그럼 걔랑도 맞춰나가야 되는데, 가족이라는 울타리 안에서 해나가야 된다고 생각해서, 소통을 하고 대화를 하는 게 제일 중요한 것 같아요.

전략적인 자원 활용

뭐든지 집념을 가지고 긍정적으로 살아가는 지현은 열심히 하지 않는 일이 없었다. 그중에 눈에 띄는 특징 하나는 학교 교사, 지역복지기관 등을 포함해 주위의 사회적 자원을 잘 이용했다는 점이다. 학교 선생님들과 상담을 하면서 필요한 정보를 많이 얻었고, 초등학교부터 중학교까지 다녔던 지역아동센터도 주요한 역할을 했다. 고등학교에 가서도 자신의 공부를 도와줄 수 있는 복지기관들을 직접 찾아다녔다.

고등학교 갈 때 실업계냐 인문계냐로 되게 고민했어요. 인문계에 가고 싶지만 학원에 다녀야 하는데 제가 살아남을 자신이 없는 거예요. 그 문제로 제가 중3 때 상담을 진짜 많이 받았어요. 그러고 결심했죠. 내가 실업계에 가서 내신으로 1등을 해야겠다. 그리고 엄마랑 동생을 위해서 대학을 가야겠다.

(…) 간호랑 사회복지 사이에서 고민을 엄청 많이 했어요. 선생님들은 무조건 간호사 하래요. 왜냐면 백 퍼센트 취업이고 돈도 많이 버니까. (…) 근데 대입 공부를 하려고 해도 고등학생을 받아주는 지역아동센터가 없어요. 왜냐면 지역아동센터는 중3 때까지만 책임져주거든요. 그래서 친구들하고 그런 기관들을 찾아다녔는데, 어느 정도는 돈을 요구하는 데가 많았어요. 왜냐면 그 기관들도 열악하니까 고등학생 입시 지도를 해주기 힘들잖아요.

장애 관련한 복지를 공부하려고 이번에 C협회에 인터뷰를 가서 알아보니까 돈을 많이 번다고 하더라고요. (…) 사회복지랑 재활복지랑 복수전공을 하면 제가 선택할 수 있는 분야가 훨씬 많아진대요. (…) C협회는 대학 갈 때 다른 지원

슈퍼 긍정의 에너지, 지현

도 많이 해줬어요. 도움을 많이 준 분이 계세요. 고3 때 학원을 가서 수능 공부를 하고 싶었어요. 엄마가 지원이 되나 알아봐주셨어요. (…) C협회에서 제 성적이 어느 정도 되면 학원비 전액을 지원해주셨어요.

가장 놀라운 점은 지현이 빈곤 상황을 현실적으로 인정하고 자원으로 활용하는 것이었다. 열악한 상황에서도, 자신이 겪은 어려움 속에서도 그것을 한 점 불편이나 부정적인 시각으로 바라보기보다는 모두 긍정적인 에너지로 바꿔서 바라보고 오히려 장점으로 이용했다.

친구들이 "나, 지금 막 대학 와서 돈도 너무 부족하고, 알바도 해야 되는데 알바도 하기 싫어" 그러면 제가 그랬어요. "야, 너는 좋은 줄 알고 살아. 나는 등록금도 내가 벌어서 내야 되고, 알바해서 내 생활비도 벌어야 되고, 엄마랑 동생한테도 어느 정도 보탬이 돼야 한다고." 제가 약간의 충고를 해줄 수 있는 거예요. 제 경험을 바탕으로…. 그렇게 그 상황에 있어 보지 못하면 모르는 거잖아요.

어릴 땐 이렇게 적극적으로 누구한테 말을 하는 성격은 아니었어요. 그런데 전학을 많이 다녔다고 했잖아요. 그러면서 새로운 사람한테 빨리 적응을 할 수 있었던 것 같아요. '3일 만에 전학 가면 난 또 다른 학교인데'라고 생각하면서 애들이랑 친해지는 방법을 터득한 거예요. 이런 상황에 적응이 된 것 같아요. 그리고 글을 쓰는 것도 그래요. 장학금을 받으려면 제 사정에 대한 글을 써야 되잖아요. 그렇게 글을 많이 쓰다 보니까 또 글쓰기도 느는 거예요. 왜 이렇게 글을 잘 쓰냐면서 대학교에서 A를 받았어요. 그게 다 도움이 되더라고요(웃음).

사람들의 편견에 맞서기

이런 최강의 긍정적인 태도는 종종 다른 사람들에게 이해받지 못할 때도 있었다. 대학에 갔을 때 다른 친구들은 자신의 처지를 활용하는 지현의 태도를 이해하지 못했다. 한때 같이 놀던 무리에서 따돌림을 받기도 했다.

용돈을 제가 번 돈으로 해야 되기 때문에 걔들처럼 맨날 점심을 사 먹고 술을 사 먹고 할 수가 없는 거예요. 도무지 어울릴 수가 없어서 나는 그럴 형편이 아니라고 솔직하게 얘기를 했죠. 그런데 그 친구들은 그걸 못 받아들이는 거죠. 왜 그러는지를 이해를 못 하고 솔직하게 얘기한 것을 오히려 안 좋게 생각하고…. 내가 내 가정사를 다 솔직하게 오픈한다고 세상 사람들이 다 이해하는 건 아니고, (…) 가정사를 다 얘기하는 게 좋지 않을 수가 있겠구나, 라는 생각을 그때 처음 했어요. 그때 되게 많이 상처를 받았어요. 왜냐면 그 친구들이 저에 대해서 뒷이야기를 하면서 그랬대요. "쟤는 왜 항상 저렇게 핑계를 대? 가정 핑계를 대?" 나중에 그중 한 명이 와서 사과하긴 했지만, 그 친구들하고는 완전히 돌아섰죠.

나는 이런 상황이기 때문에 꿈을 위해서 학교에서 최선을 다해야 한다고 설명하면 친구들이 이해를 못 하더라고요. (…) 하지만 저는 이게 강점이라고 생각해요. 저는 제 경험을 활용하려고 많이 노력해요. (…) 제 상황을 이용한다는 생각을 할 때도 있지만 나쁜 쪽으로 이용하는 게 아니잖아요.

대부분의 사람들은 가난을 창피해서 감추는 경우가 많은데, 그것을 가감 없이 드러내는 지현의 태도에 대해 일부 사람들은 냉소적으로 반응했다. 더욱이 지현 나이 또래의 친구들 중 빈곤을 직접 경험하지 않은 사람들은 전혀 이해하지 못할 태도였을 것이다. 가난을 증명하는 글을 써서 장학금을 받는 일이 왜 부끄럽지 않은가. 왜 저렇게 당당하며 가난이 자신의 강점으로 둔갑하는가.

나는 지현이 긍정적으로 살아오며 빈곤을 극복한 진짜 힘이 여기에 있다고 보았다. 가난은 사회적으로 만들어진 현상일 뿐이지, 내 잘못도 죄도 아니기 때문에 부끄러워할 필요가 없다는 점을 지현은 간파하고 있었다. 다만 가난에 대해 사회적으로 만들어진 시선에 맞서 싸우는 일이 버거웠을 뿐이다. 가난을 극복하기 위한 지현의 전략이 영리하고 훌륭했던 것은 세상의 편견과 시선에 굴하지 않고 자신이 원하는 바를 추구해나갔다는 점이다.

단순한 진로 선택에서 생애 진로로

대학에 입학한 후에도 지현은 열심히 공부해서 과에서 1, 2등과 장학금을 놓치지 않았다. 대학 교수들과도 중고등학교 때 교사들과 그랬던 것처럼 좋은 관계를 유지하고 상담도 적극적으로 받았다. 부전공도 이수해서 교사 자격증도 취득했다. 이것도 주위의 조언을 적극적으로 받아들인 결과였다. 결국 지현의 전략적 선택은 성공해서, 졸업 후 바로 학교 교사로 첫 사회생활을 시작했다.

가난했던 청소년이 성인이 되어 안정적인 직장을 얻는다면 이제 다 괜찮아질 것이라고 생각할지 모른다. 지현은 가난한 환경에서 가슴 뜨겁게 살아왔던 만큼 그 이후에도 열정적으로 살고 싶어했다. 하지만 이런 삶의 태도에 비해 첫 직장은 만족스럽지 않았다. 자신이 바라던 대로 도움을 줄 수 있는 학생들을 만나는 것은 즐거웠지만, 행정적인 절차와 관료적인 행태가 훨씬 큰 장벽으로

슈퍼 긍정의 에너지, 지현

다가왔기 때문이다. 지현은 사회적으로 안정적이라고 평가해주는 곳보다 자신의 가슴을 울리는 직업을 갖고 싶어했다. 지현의 진로를 위한 진짜 전략은 이제 시작되고 있었다.

첫 직장에서 일할 때는 업무 성향이나 업무를 처리하는 데 조금 더 꼼꼼하고 계획적으로 미리 하는 편이었는데, 어떨 때는 결과가 좋지 않을 때도 있더라고요. (…) 성격이 그렇게 변했어요. (…) 직장 사람들은 제가 차분하고 여성스럽고 조용하고 자기 할 일만 하는 사람인 줄 알아요. 제가 참한 스타일이래요. 사실 저는 왈가닥이고 재밌는 사람이거든요. 제 모습을 숨기게 되고 소극적으로 변하고 아무 말도 할 수가 없는 거예요.

지현의 마음을 울리는 일은 다양한 계층을 다 살필 수 있는 종합사회복지였다. 대학에서 복지 관련 전공을 공부하긴 했지만 너무 좁은 분야에 국한되어 있어서 전반적인 복지 업무를 다 포괄하지 못했다. 지현은 복지 전반을 다룰 수 있는 사회복지사 자격증을 취득하기 위해 직장을 다니면서 평생교육원에서 공부했다.

사회복지 일이 재밌더라고요. 실습할 때도 12시까지 하고,

항상 매일매일 일지를 썼어요. 거기에 과제가 엄청 많아요. 팀별로 과제가 주어졌는데, 저희 팀 같은 경우는 클라이언트에게 서비스를 제공하고 계획하고 실행하고, 그것에 대해 평가하는 일들을 직접 하는 경우였거든요. (…) 청소년들이랑 같이 엠티를 1박 2일로 준비해서 가고 걔네들하고 꿈을 얘기하고 그렇게 진행했어요. (…) 저희가 진짜 제일 팀워크가 잘 되어서 칭찬도 많이 들었어요. 그 안에서 되게 재밌었던 것 같아요.

이런 과정을 거쳐서 결국 지현은 사회복지사 자격증을 얻고 종합사회복지관에서 일할 수 있었다. 하지만 그 일도 쉽진 않았다. 밤늦게까지 야근을 해야 하고, 팀 내 분위기나 근무환경이 좋지 않았다. 결국 3여 년 동안 세 곳의 기관을 전전하다가 지금 지현은 다시 학교에서 근무하며 임용고사를 준비 중이다. 겉으로 보이는 직업은 바뀌었을지 모르지만 가슴 뛰는 일을 하고 싶다는 소망은 똑같았다.

사람들을 도와주고 싶다는 마음은 똑같은데, 대상이 구체적이 된 것 같아요. 지금 학생들로. (…) 복지관에서 만나는 장애인들이 학생일 때 조금 더 일찍 만나서 학교에서 교육을 해야겠구나, 라는 생각을 한 것 같아요.

지현의 진로는 경험이 쌓이고 생각이 확장하면서 조금씩 더 진화하고 있었다. 가난한 가정에서 성장했다는 것을 고려한다면 지현이 현실적인 기준만 중요하게 생각할 것이라고 예상할지 모른다. 하지만 지현의 진로에는 가난을 극복하는 것을 넘어서 자신의 욕구, 삶에서 추구하고 싶은 가치 등이 훨씬 중요하게 자리 잡혀 있었다. 지현은 그만큼 가난의 영향에서 자유롭고, 가난에서 벗어나는 것을 넘어서 자기 욕구 실현에 쓸 수 있을 정도로 에너지가 충만한 사람이었다.

예전에는 목표가 있고, 그 목표를 이루지 못하면 뭔가 실패했다고 생각했던 것 같아요. 지금은 만약 임용이 안 되더라도, 물론 그게 많이 허망하고 힘들 수 있겠지만, 실패한 삶이라고 생각 안 해요. 지금 임용을 공부하고 있잖아요. 실패해도 제가 한번 도전해본 과정이 없어지는 건 아니니까, 그 안에서 제가 의의를 찾지 않을까. 다른 의미 있는 일, 다른 행복한 일을 찾을 것 같아요.

가족, 행복, 나의 삶

지현의 첫 직장과 그 후 얘기를 들은 뒤 4년의 세월이 홀

쩍 지나가버렸다. 그사이 지현에게는 새로운 변화가 생겼다. 자기 가족이 생긴 것이다. 결혼하는 과정이 쉽지는 않았다. 원가족과의 관계, 새로운 가족과의 자리매김에서 여러 질곡을 겪었다. 하지만 지현은 보란 듯이 성공적으로 안착했고, 어린 시절이 1장, 직장생활이 2장이라면 지금은 새 가족이라는 삶의 3장을 열고 있다.

남자친구가, 6년 정도 만났으니까, 그때 결혼을 하자고 말할 때쯤 저희 집에 빚 문제가 있었어요. (…) 집의 어려움을 다 얘기했을 때 남편은 오히려 그런 부분을 같이 해결하자고 했어요. 저는 정말 아무것도 준비되지 않은 상태였거든요. 시어머님도 어느 정도 저희 집 사정을 알게 됐는데 마음이 넓은 분이셨어요. (…) 저는 시어머니와 신랑을 보면서 결혼을 완전히 결정지었죠. 내가 여기 아니면, 이보다 더 좋은 사람들을 만날 수 있을까? 그런 생각을 했던 것 같아요. 결혼을 준비하면서 많이들 싸운다고 하는데 저는 오히려 신랑이 더 많이 편안하게 해줬고요. (…) 오히려 제 가정을 꾸리면서 조금 안정이 됐어요.

지현이 결혼하는 우여곡절 중에 가장 힘들었던 것은 삶의 원동력이었던 어머니로부터 분리해서 나오는 일이었다. 성장 과정 내내 어머니와 너무 밀착되어 있던 상황

슈퍼 긍정의 에너지, 지현

에서 이 일은 그 자체로 매우 고통스러운 순간이었다. 지현이 20대 초반이었을 때, 결혼하기 훨씬 전에 인터뷰에서 이런 얘기를 했던 적이 있다.

엄마가 기대치가 너무 커요. 제 (미래) 남편에 대해서. 지금 결혼하면 제 (미래) 남편이 짊어져야 할 짐이 너무 커요. 왜냐면, (…) 엄마한테는 제가 되게 소중하고 첫째 딸이고 멋진 딸이란 말이에요. 그런 딸을 엄마한테 데리고 갈 거면 엄마한테 이만큼은 해줘야지, 몇 억은 줘야지, 라는 얘기를 입버릇처럼 하시고…. 이미 스무 살 때부터 하셨어요. 동생보다는 제 남편이 집안일을 해결해줬으면 좋겠다고, 집안에 든든한 맛이 있어야 한다고 생각하고, 엄마도 (미래 남편한테) 의지하려고 하고….

지현은 이 때문에 20대 초반에는 결혼을 늦게 해야겠다고 생각했다. 하지만 빚 문제가 생기고 결혼을 해야 하는 현실을 맞닥뜨리자 지현은 엄마와 원가족을 새로운 관점에서 바라보기 시작했다.

그때 제가 힘들었던 게 항상 저는 엄마를 기준으로 생각했거든요. 저희 삶 모두를. 우리가 엄마한테 당연히 해줘야지. 엄마가 힘든데. (…) 당연히 월급을 받으면 엄마한테 줘야 하고 우리는 당연히 엄마를 부양해야 돼. 그렇게 살았는데 그게 아니었던 거예요, 생각해보니까. 그게 이제 선택이 되었고 우리도 각자의 위치에서 우리 삶을 살고 우리 가정을 꾸려야 하는데, 여전히 엄마 삶 안에서, 엄마 테두리 안에 묶여서 엄마를 우선으로 생각하다 보니까 오히려 문제 해결이 되지 않았어요. (…) 아, 여기서 내가 끊어내야겠구나. (…) 엄마한테도 그랬어요. 엄마는 엄마한테 모질게 했다고 생각할 수 있겠지만요. 엄마는 이제 엄마 인생을 살았으면 좋겠다. 더 이상 우리한테 그렇게 하지 않았으면 좋겠다. 이 빚까지는 우리가 어떻게 해보겠지만, 더 이상 빚쟁이들이 우리한테 찾아오는 일은 없었으면 좋겠다. 우리도 우리 가정을 꾸리고 살아야 한다.

엄마는 자기를 이해 못한다고 생각하시더라고요. 제가 갑자기 떠나가버렸고 엄마 혼자 외롭게 남겨졌다고 생각했던 것 같아요. 엄마 입장은 이해해요.

지현은 결혼을 하고 여러 가지 사회생활을 경험하면서 사람들이나 사물, 상황을 바라보는 입체적인 시각이 생겼다. 시야도 넓어지고 다른 사람의 입장에서 생각해보는 노력도 하게 되었다. 어머니한테서 분리해 나오는 일은 힘들었지만 지금은 그 과정을 통해 어머니에 대해서 객관적으로 바라볼 수 있었다.

엄마를 저희 엄마이기 이전에 그냥 한 사람으로 보게 됐어요. 그냥 ○○○이라는 사람으로 인생을 쭉 봤을 때 이럴 수도 있겠구나, 란 생각이 들었어요. (…) 심리 검사를 해보면 저는 자존감이나 그런 게 높은데 엄마는 낮거든요. 왜냐면 엄마한테는 우리에게 엄마가 해줬던 역할을 하는 분이 없었던 거예요. 엄마가 커가는 저희를 보면서 자존감이 더 낮아지고 스스로 되게 작아 보였을 수 있겠다 싶어요. 그런데 저희는 자식이기 때문에 어쩔 수 없이 엄마한테 그런 역할을 할 수 없는 거예요. 엄마를 한 사람으로 봤을 때 매우 안됐다고 생각해요. 우리에게 엄마가 그런 역할을 해준 것처럼, 엄마한테도 그런 사람이 한 명만 있었어도 엄마가 딛고 일어날 수 있는 힘이 됐을 텐데. 엄마는 남편도 갖지 못했고, 형제도 없어요. 아무도 기댈 사람이 없는 거예요. 한 사람도.

지현의 삶은 현재 가족을 중심으로 움직인다. 행복도 미래도 새 가족 안에서 꿈꾸고 일구고 있다. 가난한 가족이든 아니든 사람이 성장을 하고 원가족으로부터 경제적·정신적 독립을 하면 이런 홀로서기와 거리 두기의 과정을 겪게 된다. 이 과정을 성공적으로 해내면 원가족에 대해서도 자신과 분리해서 바라볼 수 있는 단계에 오른다. 독립적이고 성숙한 성인으로서 지현은 이 단계들을 잘 겪고 새 가정에 둥지를 튼 것으로 보였다. 지금까지의 삶이 쉼 없는 질주였다면 이제는 행복을 찾아가는 여유로운 걸음이 되기를 바랄 뿐이다.

가난을 극복하는 힘은
어떻게 생겨나는가?

나는 가난한 가정의 청소년들을 만나기 위해 2009년부터 2013년까지 A지역아동센터에서 참여관찰을 했다. 청소년들과 그들의 가족, 지역아동센터 선생님들을 만났고 일상적으로 그들이 어떻게 생활하는지 지켜보았다. 지현은 그때 이미 지역아동센터 졸업생이었지만, 힘든 환경에서 대학 입학까지 성공한 사례였기 때문에 센터장의 소개로 따로 만날 수 있었다. 지현은 내가 가난한 가정의 청소년에 대해 연구하고 책을 쓰기 위해 인터뷰를 해온 10여 년의 기간 동안 가장 많은 영감과 영향을 준 사람이다. 지금껏 만난 청소년들 중에 지현만큼 극적으로 살아온 사람은 없었다. 지현의 가정환경이나 살아온 여정도 기구했지만 삶을 대하는 태도는 더 경이로웠고 존경심까지 느껴졌다. 나라면 어려운 환경 속에서 저런 일념으로 살아올 수 있을까 싶은 강인함이 있었다.

잠깐 A지역아동센터에 대해 소개하자면, 이곳은 개신교도로서 소명의식이 뛰어난 센터장이 가난한 지역에 터를 잡고 방과 후 아이들을 돌봐주던 작은 공부방에서 시작되었다. 나중에 이 공부방은 제도화를 거쳐 지역아동센터가 되었고 안정적인 재정과 공간을 기반으로 지역사회의 탄탄한 아동청소년 복지기관으로 자리를 잡았다. 이곳에 다니는 아이들은 센터를 공부방이자 가족이자 놀이터로 생각했다. 학교 친구들이 하교 후에 학원이나 집으로 갈 때, 센터 아이들은 이곳에 와서 공부도 하고, 여러 생태·문화 체험도 하고, 밥도 먹고, 친구들과 공도 차면서 시간을 보냈다. 방학에는 멀리 바닷가로 캠핑도 가고, 센터에서 하룻밤 자는 파자마 파티도 했다. 졸업생들은 하나같이 이 센터에서 경험한 기억들을 좋은 추억으로 생각했다. 졸업생 중 한 명은 고등학교 때에도 센터에 다녔다면 자신의 삶이 달라졌을 것이라고 얘기하기도 했다.

도움 요청: 자원 활용 전략

지현은 초등학생 때부터 A지역아동센터를 가장 활발하게 다니고 센터 학생회장도 맡을 정도로 선생님들에게 항상 예쁨을 받던 적극적인 청소년이었다. 사실 지현과 그의 어머니는 센터만이 아니라 학교, 교회, 복지관, 사회단체 등을 매우 잘 활용하였다. 우리 사회에는 현재 저소득층이나 소외계층을 도와주는 인프라가 다양하게 구축되어 있다. 하지만 다른 OECD 국가들에 비해 한국사회의 공공영역 지출은 여전히 매우 적다. 저소득층이나 소외계층을 도와주는 대부분의 인프라는 종교시설, 개인 독지가에 의한 사회복지시설, 사회단체 등이 담당하고 있다. 이렇게 공공부문보다 민간부문이 많다 보니 '사회복지'는 보편적이고 제도적인 시스템이라기보다는 가난한 사람들을 선별해서 '시혜적' 시선을 담아 도와준다는 의미가 강하다. 이런 구조는 빈곤층이 직접 '가난을 증명'하고 적극적으로 '도움을 요청'해야 하는 사회 풍토를 만든다.

인간은 사회적 동물로서 타인과의 관계가 중요한 존재이다. 사회 안에서 자신의 위신과 자존심, 자신의 존재에 대한 인식(정체감)이 삶에 필수적인 바탕이 된다. 그러므로 이를 훼손하면서까지 경제적 도움을 얻는 것을 달가워하지 않는다. 가난에 대한 '적극적인 의사 표현'과 '도움 요청'은 자칫 위신과 자존심을 상하게 할 수 있기 때문이다. 더욱이 성장하는 청소년의 경우에는 이러한 행위가 교우 관계나 자아정체감 형성에 부정적인 영향을 미칠 수 있다. 어떤 계층, 어떤 연령이라도 다른 사람들에게 '도와달라'고 표현하기는 쉬운 일이 아니다.

여기에는 우리 사회가 가난 때문에 도움을 요청하는 것에 대해 부정적으로 인식하는 특성도 한몫 거든다. 한국사회는 100년 가까운 근현대사 동안 독립과 내전, 산업 부흥을 겪어왔다. 국가라는 공적 시스템이 약했기 때문에 그 격동기를 '가족-우리'라는 사적 공동체와 '우수한 인력 양성'으로 버텨온 내성이 있다. 덕분에 한국사회는 현재와 같은 경제대국으로 선진국 반열에 오를 수 있었지만, 그 반대급부로 약자에 대한 공격, 과도한 경쟁체계, 승자독식에 관대한 사회가 되었다. 이런 맥락에서 보자면 우리 사회에서 '가난'은 사회적·구조적 문제가 아니라 약한 개인의 문제이며, 개인이 게으르고 똑똑하지 못해서 생기는 일이다. 한국의 사회복지 제도가 발달하지 못하고 지원을 받기 위해서는 복잡한 절차를 거쳐 가난을 '증명'해야 하는 이유가 여기에 있다.

이런 제반 조건을 고려한다면, 지현네 가족은 정말 영리하고 지혜롭게 도움을 요청해왔다. 일단 '나'라는 개인의 존재와 가난한 상황을 분리해서 '나'의 사회적 정체감에 훼손을 주지 않도록 자신을 보호했고 도움의 필요성을 효과적으로 호소했다. 그만큼 생존이 절실했고 우리 가족을 살려야 한다는 책임감이 투철했기 때문이겠지만, 지현이 도움을 요청하는 전략은 놀라웠다. 단순히 필수적인 생존 자원을 끌어오는 수준에 머물지 않고 자신이 원하는 것을 명확하게 파악하려 했고 자신의 사회적 욕망을 긍정할 줄 알았다. '생존하는 나'를 넘어서 '살아서 욕망하는 나', '사회적 존재로서 의미 있게 살아가는 나'를 추구할 줄 알았고 이를 실현시키고자 하는 열망과 에너지가 풍부했다. '빈곤'은 그저 나를 둘러싼 여러 장애물 중 하나일 뿐이라고 생각하고, 그것을 개인의 부족함이라고 여기는 사회적 인식을 뛰어넘을 수 있었다. 나는 이 지점이 지현의 가장 강인한 면이라고 생각했다. 풍족한 환경 속에서도 사람들은 사회적 압력을 넘어서 자신이 원하는 것을 명확히 파악하기 어려운데, 지현은 성장

95

기에 여러 가지 어려움을 겪으면서도 꿋꿋하고 성숙하게 '살아서 욕망하는 나(자아) 발견하기'를 잘 해내고 있었다.

성찰하는 힘

나는 지현과 지난 10여 년간 생애 변곡점마다 만나면서 그의 '자아 발견' 과정을 자세히 들여다볼 수 있었다. 청소년기에는 친구 관계에 쉽게 휘둘리고 주위의 수많은 정보에 흔들리기 마련인데도, 지현은 굳건히 자신이 원하는 영역을 찾아 공부했다. 예를 들면, 대학 학과 중에 간호 계열과 사회복지 계열을 두고 고민할 때 사람들은 다들 안정적인 취업이 보장된 간호 계열을 추천했지만 그는 자신의 심장을 뛰게 하는 곳은 사회복지라며 스스로의 선택을 밀고나갔다. 안정적인 직장을 얻은 후에도 이것이 자신이 정말 바라는 것인지 자문하며 진로를 꾸준히 탐색했다. 그러다가 찾아낸 분야인 종합사회복지가 현실적으로 만족스럽지 않자 자아실현을 할 수 있는 방법은 다른 분야에 있음을 깨닫고 경로를 다시 수정했다. 결혼을 결심하고 준비하는 과정에서도 어려움이 많았지만 자신을 믿고 나아갔다.

혹자는 어린 시절을 힘들게 보낸 사람들은 원만한 가정을 꾸리기 어렵다고 한다. 관습적으로 굳어진 통념이지만, 결핍과 불안을 설명하는 정신·심리학적 이론에서 여러 가지 근거를 가져와 설명하기도 한다. 지현에게 정신·심리학적으로 가장 어려운 일은 어머니에게서 독립하는 일이었다. 여기에서 상당한 진통을 겪기도 했고 어머니와 사이가 나빠져서 잠시 연락을 하지 않았던 적도 있지만 결국 이 문제도 지현은 잘 정리했고 안정을 찾았다고 말했다. 나는 이 모든 일들이 지현이 갖고 있는 내면의 힘 덕분이라고 생각한다.

지현의 타고난 성품이 긍정적이고 강인한 면이 있었고 이것은 어머니에게 물려받은 성향이다. 이 가족을 알고 있는 주위 사람들은 모두 어머니와 지현을 함께 평가하며 그들의 긍정성과 강인함을 얘기했다. 여기에 더해서 가난하고 불우했지만 어머니, 동생과 똘똘 뭉쳐서 서로를 돌봐주었던 결속감이 큰 역할을 했을 것이다. 고전적인 얘기이고 교과서 같은 얘기이지만, 가족 내 결속이 여러 가지 역경을 극복하는 힘이 되는 사례는 무수히 많다.

그런데 이런 외적인 조건 외에도 지현에게는 분명 다른 힘이 더 있었다. 나는 이를 '성찰하는 힘'이라고 부르는데, 이는 수많은 청소년 인터뷰이 중에서 성공적으로 가난에서 벗어난 친구들에게 공통적으로 발견되는 점이다. 성찰하는 힘은 인간이 사회적·정신적으로 성숙해지고, 독립적인 인간이 되기 위해 가져야 할 가장 중요한 덕목이다. 나는 우리 사회가 외적인 지식(예를 들어, 학력)과 외형적 모습(예를 들어, 재산, 직장)에 대해서는 과도하게 평가하면서 자신을 돌보고 스스로 자기 욕망과 사회적 위치를 사고하고 판단하는 내면적 성숙도, 즉 성찰하는 힘에 대해서는 참 소홀하다고 생각한다. 더욱이 우리의 교육체계는 청소년에게 이 성찰하는 힘을 어떻게 길러야 하는지 교육과정 안에서 중요하게 다루지 않는다. 그저 단어를 외우고 문제를 풀어서 시간 내에 객관적인 수치로 나타나는 점수를 받아야 성공하는 교육체계를 '공정'하다고 믿는다. 그런데 성공적으로 빈곤을 극복한 청년들은 이런 교육체계 안에서 성찰하는 힘을 기르고 자신의 가치체계를 만들어냈다. 성찰하는 힘의 중요성에 대해 아무도 가르쳐주지 않았는데, 그들은 자신의 시각과 신념을 구축했다. 이 빈곤 청소년들은 학업성취가 낮고 당장 직장을 구하기 어려운 상황일 수 있지만, 자신만의 단단한 핵심을 갖고 있었다. 그들은 '생존'을 넘어 '사회적 존재로서의 나'를 인식하면서 성찰하는 힘을 길러왔을 것이다.

이러한 힘은 짧은 기간 안에 만들어질 수 없고, 단순하고 안전한 삶의 궤적 안에서도 형성되기 어렵다. 다양한 경험과 시도, 좌절, 고통, 성취 등의 단계를 거쳐야 서서히 쌓여가는 내면의 힘이 된다. 지현은 어릴 때는 소심하고 말이 없는 성격이었다고 했다. 하지만 알코올중독인 아버지를 피해서 그리고 가난했기 때문에 이사와 전학을 수없이 다녀야 했고 이 과정에서 '생존'하기 위해 자신의 성격이 변했다고 설명했다. 새로 전학 간 학교에서 친구들을 빨리 사귀기 위해 활발하고 적극적인 성격으로 바뀌었다. 한번은 이사한 집이 바로 학교 앞이었지만 너무 빈민가여서 창피한 마음에, 수업이 끝나고 바로 집에 가지 않고 동네를 멀리 배회하다가 친구들이 모두 학교 앞을 떠난 후에 귀가하는 꾀를 내기도 했다. 그리고 자신이 구사한 이런 '생존' 전략을 곱씹어보고 긍정적으로 평가하고 다시 새롭게 적용해나갔다. 자신의 처지에서 선택할 수 있는 전략이 제한되어 있으로 다른 친구들보다 불리하지만, 그냥 좌절하고 포기하는 것이 아니라 오히려 남들보다 제한된 조건을 자신의 강점으로 만들었다. 자신이 여러 가지 어려움을 겪었기 때문에 친구들의 고민에 대해 의젓하게 충고해줄 수 있었고 친구들의 신뢰를 얻을 수 있었다고 평가했다. 단단한 내면과 성찰하는 힘이 없다면 이런 특성들은 나타날 수 없을 것이다.

가난 때문에 의식주를 제대로 해결하지 못하고 하고 싶은 일을 맘껏 할 수 없다는 것은 그냥 불편한 정도를 넘어, 사회적 개체로서 '나'의 위신과 존재가 부정당하는 일이다. 이런 일이 반복되면 자아는 자신감을 상실하고 사회적 존재 가치가 없는 것처럼 느끼고 자신의 욕구에 대해 둔감해진다. 흔히들 빈곤층은 왜 미래를 위해 저축하지 않고, 왜 절박한 순간에 비합리적인 행동을 하고, 왜 자신의 계급적 이해와 배치되는 선택을 하는지 의문을 제기한다. 가난하다는 것은 인간답게 살 수 있는 재화가 없음으로 인해 스트레스가 많고 사회적 존재가 일상적으로 위협받는 상황을 의미한다. 이에 대처하고 생존하기 위해서는 에너지를 많이 소모해야 한다. 즉, 생존 자체에 에너지가 너무 많이 들어가서 합리적 판단을 하고 미래 지향적 사고를 할 에너지가 더 이상 남아 있지 않게 된다. 그래서 빈곤층이 전략적 사고나 내면의 강인한 힘을 갖는다는 것은 매우 어려운 일이다. 지현의 '도움 요청'과 '성찰하는 힘'은 가난한 상황 속에서도 에너지를 생존에만 다 쏟아붓지 않으면서 어떻게 자신의 사회적 존재 가치를 보듬고, 어떻게 자아의 욕구를 발견할 수 있는지 하나의 훌

99

륭한 전략을 보여준다. 이는 빈곤 정책을 고민할 때 단순한 경제적 지원이나 기회 제공을 넘어서서 다른 차원을 고려해야 할 필요성을 일깨워준다.

"

나중에 어떻게 하면
행복하게 살 수 있을까요

"

우울한 청춘의 그늘,
연우

◆

연우는 내가 만나 인터뷰한 청소년 중에 말수가 가장 적었다. 키가 크고 마른 체형에 부드러운 외모를 가진 연우는 말할 때 천천히 정성을 들여 조용히 말했다. 대답도 빨리 하는 것이 아니라 대부분 깊게, 오래 생각하고 이야기를 풀어놓았다. 그래서 내 질문에 대한 답이 다 짤막하고 간결했다. 핵심은 들어 있었지만 그 밑에 있는 마음을 들여다보기가 쉽지 않았다. 성격 자체가 내향적이고 차분해 보였다. 그렇다고 힘이 없거나 귀찮아서 대충대충 말하는 것은 아니었다. 연우에게는 그 나이 청소년들에게 보기 힘든 진지함이 있었다.

저는 집에서 아예 말을 안 한 지 오래됐어요. (…) 말을 너무 안 하다 보니까, 말을 해야 할 것도 안 해서 많이 맞았어요. 어디 나가서 논다는 그런 얘기도 안 했어요. (…) 중학교 때는

우울한 청춘의 그늘, 연우

친구들한테도 말이 많이 없었어요. 그래서 애들이 첫인상이 무서웠대요. 고1 1학기 때까지도 그랬어요.

연우는 집에 조용히 있기를 좋아했다. TV 보는 일 외에는 딱히 집에서 하는 일은 없었다. 친구들이 부르면 나가서 같이 모여 있었지만 어떤 비행을 저지르거나 흡연, 음주 등을 하지도 않았다. 그러다 보니 특별히 문제를 일으킨 적도 없었다. 밖에서 불러줄 친구가 없으면 집에서 말없이 시간을 보냈다.

초등학교 때는 공부하는 걸 이상하게 좋아했어요. 초등학교 마지막 학년 때 친구를 잘못 만나서 그때부터 공부를 아예 놓기 시작했죠. 지금처럼 계속 집에 있다가 애들이 부르면 놀기만 했어요. 말썽을 피는 건 아닌데 그냥 노는 게 더 재밌다고 느낀 거죠. (…) 중학교 때는 초등학교 때와 다른 친구들이 생겼는데 이 친구들이 공부를 좀 하던 애들이었어요. 그런데 저는 공부를 안 하잖아요. 그래서 계속 집에만 있었죠. (…) 공부를 완전히 놓다 보니까 개념이 다 사라지고 공부하는 법도 까먹어서 중2 때 다시 시작하려고 했는데 못 하겠더라고요. 게다가 중학교 내신은 고등학교 가는 데만 쓰인다는 말을 들어서 어차피 전문계(특성화고) 갈 건데 뭐 하러 열심히 하냐고 생각했죠.

연우의 청소년기는 별다른 자극이나 관심을 받지 못하고 무기력과 무위 속에 지내온 시간이었다.

가족의 무관심과 방임

연우가 이렇게 말을 안 하고 무기력 속에 지낸 것은 가족의 영향이 크다. 아버지, 어머니, 형으로 이뤄진 연우네 가족은 연우에게 무관심해서 방치하거나 억압적으로 대했다.

저희 부모님은 공부하라고 잘 안 하셨어요. 가끔씩은 그게 서운했죠. 왜 공부하라고 안 하지? 엄마 아빠가 잔소리를 안 하세요. 집에서 너무 빈둥거리면 저도 눈치가 보이니까 집에 아무도 없을 때 청소도 해놓고, 설거지도 해놓고 그랬어요. (…) 고등학생이 돼서 많이 늦게 들어갔어요. 사춘기가 중3 끝날 때쯤 늦게 왔는데, 그때 집에 진짜 들어가기 싫었어요. 밖에서 할 게 없어도 집에 들어가기 싫으니까 밤에 밖에 앉아 있었어요.

어머니와 연우는 그렇게 가까운 사이는 아니었다. 특히 아버지의 양육방식은 연우의 성격에 여러모로 영향을 많이 미쳤다.

저랑 형도 아버지랑 별로 안 가까워요. 엄마랑 형이 가까워요. (…) 말이 없었던 게 아버지 때문에 무서워서 위축되었던 것 같아요. 뭐만 하면 아버지는 칭찬을 잘 안 하고 혼내기만 하셨어요. 말로 잘 타일러서 혼내는 게 아니라 쎄게 화를 잘 내시고, 어렸을 때는 때리기도 하고…. (…) 지금은 아쉽다기보다는 지나간 일이니까 신경을 안 써요. 이제는 아버지에게 무서운 느낌은 없어서 말을 할 수 있는데, 어릴 때부터 말을 안 하다 보니까 그게 생활화가 되었어요.

아빠한테 부당하게 맞았을 땐 엄마한테 가서 말을 했어요. 그러면 엄마랑 아빠랑 싸웠어요. 그래서 나중엔 엄마한테도 말을 안 했죠.

부모의 사이가 원만하지 않고 싸움이 잦으면 아이들은 자기 때문이라고 자책하기 쉽다. 연우는 자신이 부모님의 불화에 원인을 제공했다는 생각에 괴로웠다. 아마도 부모의 불화에는 다른 이유도 있었을 텐데, 연우는 자신이 얘기한 것 때문이라고 생각했다. 그것은 더더욱 연우가 자신을 표현하지 않고 말 없는 아이가 되도록 만들었다.

자신감이 부족하고 기죽어 있던 어릴 때의 모습에서 벗어나는 과정은 연우가 겪은 성장통과 같았다. 달리 말하면, 아버지의 영향력에서 자신의 모습을 찾아가는 여정이었다고 할 수 있다.

중학교 때 무서워 보인다고 해서 성격을 고쳐나갔어요. 무서운 사람이 되든 말든 상관없는데 첫인상은 중요하니까 어두운 것보다는 밝은 게 좋은 것 같아서 고쳤죠. (…) 어린 연우를 만난다면 주변 상황이 어때도 위축되지 말라고, 자신감 가지고 살라고 말하고 싶어요.

화목한 가족이란?

연우는 가족이 웃음이 많지 않고 자주 다투는 분위기 속에서 살아왔다. 원인은 주로 부모님의 성격 차이와 경제적 어려움이었다. 그러한 모습을 봐온 연우는 경제적으로 어렵고 갈등이 있어도 긍정적으로 현실을 바라보고 다른 길을 찾으면 행복할 수 있다고 생각했다.

엄마 아빠가 사소하게 다투셨어요. 경제적인 이유도 있고, 그런 게 계속 쌓이다 보니까. (…) 옛날에 엄마 아빠가 많이 싸우잖아요. 제가 이상하게 긍정적이었는데, 엄마 아빠가 싸우는 걸 보면서 이런 생각을 했어요. 왜 저렇게 부정적인 생각을 할까. 나는 저렇게 안 살 수 있는데, 다른 데도 행복한 걸 찾을 수 있는 길이 많은데, 왜 저럴까.

연우 부모님은 전형적인 가난한 가정에서 성장한 사람들이다. 어려서부터 가정형편이 넉넉하지 못했고 경제적으로 낙후한 도시에 살았던 연우 아버지는 어릴 때 아버지가 돌아가셨고, 그 결핍감 속에서 성장했다. 어머니도 경제적으로 궁핍하고 형제자매가 많은 집안에서 자랐다. 특히 어머니는 결혼 후에 더 어렵게 살았다고 한다. 아버지는 손재주가 많아서 폐유 수집, 납품, 디스플레이, 기계설비 등 다양한 업종을 섭렵하며 지냈다. 어머니는 7~8년 간 공공기관의 청소 일을 해오고 있다. 양친 다 원가족과 원만한 관계를 맺고 있지 않았고 일 년에 한두 번 만나는 것으로 족했다. 친척들 사이의 분위기도 원만하거나 화목한 것과는 거리가 멀었다.

친척들과 별로 잘 왕래를 안 하니까…. 잘 모르겠어요. 사이가 좋은 것 같진 않아요. 할머니는 힘들어 보이세요. 전부터 계속 아프셨어요. 병원에는 자주 가시기는 한데 집에 계세요. (…) 아빠는 장래 직업으로 뭐 하란 얘기를 안 하시는데, 엄마는 아빠처럼 살지 말라고 해요. 계속 바쁘고 안정적이지 않은 건 하지 말라는 거죠.

연우는 내향적인 성격이긴 했지만 모든 문제를 긍정적으로 사고하는 청소년이었다. 그런 연우에게도 화목하지 못한 가족 분위기는 여러 가지 심리적 어려움으로 작용했다. 연우는 이후 삶을 구상할 때 행복하고 화목한 가족을 그리고 있었다.

나중에 어떻게 하면 행복하게 살까 생각해요. (…) 화목한 가정이 갖고 싶어요. 혼자 사는 것도 좋고 가정도 이루고 싶고요. 행복한 가정은 남들이 볼 때만 따뜻해 보이는 게 아니라 실생활에서도 웃음이 많은 가정? 그런 게 좋은 것 같아요.

돈이 많지 않지만 화목하고 평범한 가정. 이것은 빈곤층 청소년들을 인터뷰하면서 내가 가장 자주 들은 말이다. 이들은 모두 가정 내에서 일정 정도의 가난을 경험했지만 그것이 반드시 불행과 연결된다고 보지 않았다. 가난해도 가족 간에 충분히 화목하고 행복할 수 있다고 생각했다.

진로 선택

부모의 잦은 다툼, 연우에 대한 무관심과 방임은 진로를 선택할 때에도 일관되게 부정적으로 나타났다. 연우는 자신의 성향이 내향적이고 생각이 많은 타입이라 기술보다는 공부하고 책 보는 일에 잘 맞았을 것이라고 생각했다. 그래서 고등학교를 인문계로 진학하고자 했지만 부모님을 포함한 그의 환경은 연우를 깊게 이해하거나 도와주지 않았다. 중학교 담임선생님도 연우의 진로 선택에 대해 별 관심을 기울이지 않았다.

원래는 제가 중2 때, 공부를 아예 놓고 있다가 다시 시작해서 인문계 쪽으로 가려고 했어요. 그런데 엄마 아빠가 결사반대를 했어요. 기술이나 배우라고. 인문 쪽으로 나가면 공부를 특출 나게 잘해야 좋은 대학에 가고 안정적인 직업을 얻잖아요. 기술 쪽은 그렇지 않아도 먹고살기가 쉽다고.

　　중학교 때는 꿈이 없었고 하고 싶은 것도 없었어요. (…) 중학교 때부터 고등학교 2학년까지 수업 시간에 그냥 잤어요. 처음에는 새 학기에 들어서면 수업을 들어볼까 하죠. 꿈을 계속 포기했기 때문에 내용이 귀에 들어오지 않아서 자게 돼요. 처음에만 조금 듣다가.

　　고등학교 계열 선택에 대해서는 담임선생님도 별로 말씀이 없었어요.

　　특성화 고등학교에 갈 때 연우는 전공을 선택하면서 친구의 의견을 따랐다. 고민도 별로 없고 하고 싶은 일도 없는 상태에서 친구의 의견이 결정적인 역할을 했다. 또래 관계가 중요한 그 나이대의 청소년들은 친한 친구를 따라 학교나 전공을 선택하는 경우가 많다.

전공이 인테리어 디자인이에요. 원래는 친구 따라 들어갔는데, 가서 보니까 재미도 있고 잘하는 것 같고…. 부모님은 전기나 설계 쪽을 추천했어요. 그때 제가 이상하게 고집이 있어서 한번 뭔가 정하면 끝까지 가거든요. 아빠가 전기 같은 걸 하라고 그랬지만 저는 인테리어 아니면 안 가겠다 해서…. 성적으로는 전기도 갈 수는 있었어요.

연우가 고등학교 계열과 전공을 선택하는 중요한 기점에서 부모님이나 선생님은 큰 역할을 하지 못한 것으로 보인다. 가난한 가정의 청소년일수록 진로 선택의 중요한 장면에서 부모나 교사로부터 특별한 조언이나 지도를 받지 못하는 경우가 허다하다.

사실 고등학교 계열 선택은 학생 입장에서는 매우 중요하다. 특성화 고등학교 진학은 대학보다는 취업을 선택한 것이라고 할 수 있겠지만, 단순히 진로 선택을 했다는 것 그 이상을 의미했다. 인문계냐 특성화냐에 따라 학교 분위기도, 어울리는 친구들도, 자신을 바라보는 사회적 시선도 달라지기 때문이다.

우연히 발견한 적성, 인테리어 디자인

다행히 인테리어 디자인은 연우에게 잘 맞았다. 처음으로 연우는 뭔가에 스스로 흥미를 느껴 공부하기 시작했다. 워낙 차분하고 성실한 태도를 가졌기 때문에 집중해서 공부하자 학교 교사들로부터 좋은 피드백을 받았고, 점차 인테리어 디자인에 자신감이 생기고 그 분야를 좋아하게 되었다.

인테리어 디자인은 손을 이용해 제도로 평면도를 그리고, 그걸 보고 나서 투시도 같은 걸 구상하는 거예요. 건물 내부를 구상하는 캐드 같은 거죠. 이상하게 투시도가 팍팍 떠오르고 평면 해석이 잘됐어요. 도형을 이렇게 하면 어떻게 될까 같은 수학 문제도 옛날에 풀어보면 쉽다고 느꼈어요. 나중에 생활기록부 끝에 보면 항상 수학 선생님들이 얘는 공간 지각력이 좋다고 쓰셨더라고요. 학교에서 수행평가를, 1학년 때는 해야 되니까 했는데, 2학년 때 들어와서는 슬슬 미래 인생을 생각하면서 열심히 하게 되더라고요. 그러다 보니 선생님들도 잘한다고 그러시고, 저도 재미가 있고….

전에는 해보지 않았으니 자신의 재능과 관심이 어디에 있는지 몰랐지만 막상 경험해보니 관심사를 발견하게 된 것이다. 연우는 이를 계기로 자신의 진로를 이 방향으로 정했다. 좋아하는 분야를 발견하자 그는 전보다 훨씬 적극적으로 움직였다. 자신이 원하는 분야에 대해 광범위하게 정보도 수집하고, 필요한 자격증도 학생 신분일 때 딸 수 있는 것은 다 따두었다. 내향적인 성격이지만 관련 정보를 얻기 위해 직접 문의도 했다.

아빠가 아는 분들이 계셔서 이 분야에 대해 여쭤봤어요. 건축사를 따기 위해서 지금 고등학생 상황에서 딸 수 있는 자격증은 다 따놨다고 했어요. (…) 이후에는 건축산업기사를 따고 5년 경력이 있으면 건축사를 딸 수 있는 자격이 생겨요. 건축사 시험도 1차, 2차 시험이 있는데♦ 한국에선 딴 사람이 별로 없다고 해요. 건축산업기사 준비도 이제 슬슬 해보려고요. 졸업하면 저는 기능사 자격증이 있으니까 이제 실무 경력 1년을 쌓으면 산업기사를 딸 수 있어요. 실무 경력도 쌓으면서 공부도 하려고요.

　문의한 분들 중에는 전직 건축소장도 계세요. 다 건축하시는 분들이고, 아버지 지인들이에요. (…) 가끔씩 아버지가 저 어릴 때 데리고 다니시면서, 같이 만나 밥도 먹고 그래서

♦　현재 건축사 시험은 이 설명과 달리, 5년제 건축과 졸업생과 대학원생이 응시할 수 있다.

　　　　　　　　　　우울한 청춘의 그늘, 연우

연락처를 알고 있으니까 제가 먼저 연락을 했어요. 자기 친구의 아들이니까, 열심히 하려는 게 보여 되게 좋다면서 궁금한 게 있으면 물어보라고 했어요.. (…) 제가 적극적으로 밀어붙이면서 질문을 계속 던졌어요. '건축사가 되기 위해서 뭐를 해야 되냐?'로 시작해서 꼬리 꼬리를 물어서 물어봤죠. 수입에 대해선 제가 열심히 하면 열심히 한 만큼 벌 거라고 했어요.

연우는 자격증을 딸 때, 특성화 고등학교에 다니며 얻을 수 있는 혜택을 착실히 챙겼다. 이후에는 관련된 일을 하다가 대학에 진학한 후 전문 커리어를 어떻게 더 발전시킬지 장기 플랜을 짰다. 혼자서 고민한 결과였는데, 체계적이고 현실적이었다.

건축사가 되고 싶어요. (…) 건축사가 하는 일에는 전체적인 동네 계획을 세운다든가, 여기 공원을 만든다든가, 무슨 건물을 짓는다든가 하는 내용이 다 포함되어 있어요. (…) 건축사를 따기 위해서 기초적인 자격증이 있어요. 그걸 두 개(전산응용 관련, 실내건축 관련) 따놨어요. 학교에 의무검정이 있으니까 의무검정 때 두 개 중 하나를 선택해서 딸 수 있게 해주거든요. 저는 취업한 후에 경력을 좀 쌓고 나서 대학을 가고 싶어 두 개 다 땄죠. (…) 제가 하고 싶은 건, 여기서 경력을 쌓고 건축사를 따고 나서, 자본을 모아 제 회사를 차리는 거예요. 꿈은 크게 가져야죠.

　고등학생이 될 때까지 자기계발에 대해 별 자극을 받지 못하고 수동적으로만 지내왔던 모습과 대조적으로, 연우는 매우 구체적이고 체계적으로 진로를 설계하고 있었다. 연우가 이렇게 변화한 데에는 겉으로는 무기력해 보였지만 내면에선 끊임없이 생각하고 고민하며 '사색하는 시간'을 가졌기 때문이다. 연우는 자신에 대해 생각이 많아지는 시기를 그냥 흘려보내지 않았고, 충실히 자신에 대한 깊은 고민을 이어갔다.

현장실습

연우는 현장실습을 나갈 업체도 스스로 알아보고 정했다. 처음에 진로와 관련이 있는 회사를 찾으려고 했는데 쉽지 않았다. 학교에서도 알아봐주긴 하지만 대부분의 학생들이 자신에게 맞는 회사를 스스로 알아보는 경우가 많다고 했다. 학생이 실습할 회사를 찾아오면 학교에서 업체에 연락해보고 가능성을 타진해보는 것이다. 연우는 실습생 요청을 한 회사들 중에는 자신의 진로와 딱 맞는 곳을 찾지 못해서 관련 업종 중에서 신입 사원을 뽑는 곳에 지원했다.

학교에서 정보를 준 건 그렇게 많지 않고, 이 업체를 저희가 찾은 거예요. 신입 직원을 뽑는다는 공지문이 있어서 선생님한테 보시라고 드렸더니 선생님이 전화해주셨어요. 신입 직원 공지문을 보고 현장실습생이 지원했다는 것에 대해 사장님이랑 부장님은 긍정적으로 보셨어요. 그냥 계속 키워서 나중에 끝까지 한번 가보게 하는 게 어떻겠냐 하시더라고요 (…) 직원들은 애네가 아직 어리고 아는 것도 없어서 처음부터 끝까지 가르쳐야 하니 회사에 도움이 안 될 것 같다고 하셨는데 그냥 부장님이 밀어붙여서 현장실습을 나가게 됐어요.

다행히 그 회사는 작업환경이 열악하지 않았고 업무가 현장실습이라는 목적에 맞게 진행되었다. 학생들이 공부해서 할 수 있는 만큼 일을 하도록 지시했고, 관련 업계에 대한 정보와 경험을 얻는 데 도움을 주었다. 직원들과의 관계도 원만했다.

분위기는 나쁘지 않은 것 같아요. 일은 제가 생각한 게 맞는데, 분야는 제가 하고 싶었던 건 아니었어요. 저희는 2D 설계 도면이 있으면 그걸 3D 프로그램으로 만들었어요. 견적 요청이 들어오면 저희가 견적을 내드리고요. 발주 내는 것까지 저희한테 하라고는 하시는데 발주를 내보지는 못했어요.

같이 간 친구가 힘들어했죠. 저보다도 숫기가 많이 없어요. 친해져야 일도 좀 배우기 수월하고 마음이 편해지는데, 걔가 그러지 못해서 저도 편하지 않았어요. 퇴근이 6시고, 야근은 다른 직원들은 그냥 일이 남으면 하시는데 저희는 일을 배우는 거여서 저희한테 야근하라고 하진 않아요. 봉급은 90% 정도 돼요. 저희는 많이 받는 편이었죠. 다른 곳은 70% 준다고 그러더라고요. 저희 회사에서 고등학생 현장실습생을 뽑은 게 처음이라서 직원들이 저한테 격려의 말 같은 걸 해주셨어요. 사회생활을 처음 하면서 그럴 수 있고, 좀 더 열심히 일하고 밝게 살라고 했어요. 부정적인 말은 안 했어요.

연우는 일을 하면서도 자신의 진로에 대한 분명한 가치관과 전망을 가지고 있었다. 봉급이 많지 않아도 자신이 좋아하는 일을 할 수 있는 직장을 찾길 원했다. 대학은 커리어를 쌓을 때나 뭔가 배울 것이 있을 때 다니기로 결심했다. 자격증을 따기 위해 1년 경력이 필요했고 이를 위해서 어떤 직장에 다니면 도움이 될지 고민 중이었다. 모든 고민과 계획, 구상이 실용적이고 구체적이었다.

대학도 알아봤죠. 가고 싶긴 한데, 더 배우려고 가려는 건가, 아니면 학교생활이 아쉬워서 가고 싶어하는 건가 생각을 해봤죠. 학교생활 때문에 가려는 마음이 더 큰 것 같아요. 지금 이렇게 가면 더 놀겠단 생각이 들어서, 차라리 일이나 계속 하자고 마음을 바꿨어요. (…) 인문계 고등학교 가서 아무 생각 없이 공부하다가 좋은 대학을 가는 것과 비교해봤을 때, 하고 싶은 게 있어서 대학에 안 가더라도 그 일을 하는 게 낫다고 생각해요.

연우는 돈에 대해서도 성급해하지 않았다. 많은 청소년들이 첫 직장을 가지고 돈을 벌게 되면 돈을 쓰고 싶은 여러 가지 일이 생기는데, 연우는 별로 그러지 않았다. 자기 꿈을 구체화하고 소박하게 자신이 좋아하는 일을 하는 데 집중했다.

돈은 생기는데, 제가 벌다 보니까 노는 데 쓰고 싶진 않아요. 놀 때 뭐 특별한 걸 하면 괜찮지만 맨날 똑같은 걸 하니까 시간이 아깝고 추억도 안 생겨서 친구 만나러 안 나가요. 제가 어디 먼 데 가서 경치 보는 걸 좋아하거든요. 그런 게 아니면 안 나가요. (…) 자전거 타고 외곽에 있는 P시를 가거나 한강을 간다거나 하는 게 좋아요. 그런데 친구가 반응이 별로 안 좋더라고요. 혼자 가기는 좀 그래서 그냥 안 가죠. 돈은 일단 저한테 좀 썼어요. 옷도 사고 필요한 것도 좀 사고, 엄마 아빠한테도 좀 드리고…. 부모님에게 정기적으로 드리는 것은 나중에 하려고요.

추구하는 삶

연우의 이런 고민과 생활 패턴은 자신이 추구하는 삶의 가치와 연관되어 있었다. 그는 거창한 포부나 현실성 없는 꿈보다는 작은 것에 만족하고 소박하게 살아가는 삶을 추구하고 있었다. 경제적 부나 직업적 성취를 우선으로 하기보다 웃음이 많고 행복한 관계를 중요하게 생각했다.

가정이 불우한 애들의 절반 정도가 자퇴를 했어요. 몇몇은 자기 하고 싶은 게 있어서 떠나기는 했는데 대부분은 그냥 놀고 싶어서 그런 것 같아요. 나도 좀 제대로 살진 않지만 그래도 한심하게 보이죠. 가정이 안 좋으면 내가 열심히 살 생각을 해야 되는데 왜 저렇게 엇나갈까 생각했죠. 그랬는데 최근 들어서 옛날 일들(부모님이 싸우던 것)이 생각나다 보니까, 걔네도 어쩔 수 없이 그런 선택을 했나 보다는 안쓰러운 생각도 들고….

연우는 같이 특성화고에 온 친구들의 삶을 관찰하고 자신과 비교해서 성찰하고 있었다. 또한 그 삶에 깊이 감정이입을 하고 이해하려고 노력하고 있었다. 이렇게 주위를 살피고 공감하는 능력은 연우가 꾸준히 추구해온 사색하는 시간의 결과물이었다. 이런 시간을 통해 연우는 행복에 대한 생각, 추구하는 삶에 대한 신념이 어느 정도 형성되어 있었다.

지금 자기 앞에 있는 문제만 보지 말고 다른 큰 것들, 주위의 사소한 것들을 잘 보면 마음이 편해지는 걸 찾을 수 있다고 생각하거든요. (…) 서른 살이 되면 그때까지도 아직 꿈을 이루기 위해서 노력하고 있을 것 같아요. 최종적인 목표는 개인 회사를 세우는 건데, 그러면 틀에 얽매여 있는 것보다 일을 좀 더 자유롭게 할 수 있고 시간을 자유롭게 활용할 수 있으니까요. 꿈 때문에 가족은 못 이루고 있을 것 같아요. (…) 돈이 많으면 살기 편한 것뿐이지, 행복한 건 아니잖아요. 흙수저라서 돈은 없지만 행복한 방법을 찾을 수 있을 것 같아요.

흔히 가족 내에서 일어나는 갈등과 다툼은 풍족하지 않은 경제생활과 세상살이의 신산함 때문이라고 생각한다. 하지만 연우는 행복을 가까이에서 찾지 않는 시각과 태도 때문이라고 보았다.

엄마 아빠가 싸웠던 게 경제적인 문제가 많으니까, 내가 살아갈 길을 개척하는 데 엄마 아빠의 도움을 받지는 않겠다고 생각해서, 이왕 경력도 쌓을 겸 돈도 벌어놓고 내 돈으로 내가 진로를 찾아가고 싶어요. 자세한 건 어떻게 될지 모르겠는데 되도록 빨리 집을 나가야겠다고 생각해요. 내가 나가면 경제적인 부담을 덜어드리니까…. 부모님이 나이가 있으시다 보니까 빨리 독립을 해서 경제적으로 도와드리고 싶어요. (…) 대학은 생각 안 해봤어요. 먼저 취업하고 2년 정도 경력을 쌓고 그다음은 차차 생각을 해보려고요. 대학을 안 갈 수도 있는데, 건축이라는 데는 대학을 가는 게 편하다고들 하셔서….

연우를 비롯한 많은 청소년들이 그렇겠지만, 자신의 본모습을 찾아가고 색깔을 발견하고 자신감과 자존감을 쌓아가는 과정은 쉽지 않다. 청소년들의 중요한 과업인 자아존중감 찾기는 누구에게나 껍질을 깨고 나오는 아픔을 동반하는 과정이다. 가난한 가정의 청소년들이 주변에 안정적으로 돌봐줄 지지체계가 부실하다는 점을 감안하면 이들에게 이 과업 달성의 과정은 아픔과 혼란이 더욱 클 것이다. 하지만 사색하는 시간을 가져본 아이는 이후에도 자신만의 길을 걸어갈 줄 안다. 그 시간이 자아존중감을 길러주는 자양분이 되기 때문이다. 연우는 그 길을 걸으며 사색의 깊이를 더해갈 것으로 보였다.

자신에게 잘 맞는 길을
어떻게 찾을 수 있을까?

웹툰 <ONE>을 보면 아버지의 바람을 강요받으며 죽음과도 같은
스트레스 속에서 고통스러워하는 고등학생이 나온다. 그는 좌충우
돌하며 폭력의 세계에 길들여가지만 결국 자신만의 '비행'飛行/卑行을
하게 된다. 영화 원작이자 뮤지컬로도 만들어진 <빌리 엘리어트>는
영국 탄광촌에서 노동자계급의 아들로 자랐지만 발레 무용수를 꿈
꾸는 열한 살 빌리의 이야기이다. 보수정권에 맞서 노동자 파업이 벌
어지는 첨예한 갈등 상황과 가난한 삶 속에서도 춤을 추며 날아오
르려고 하는 빌리의 욕망이 잘 드러난다. 소설 『개밥바라기별』은 고
등학교 시절부터 스무 살 무렵까지 작가의 청소년기를 다룬 작품이
다. 4·19 혁명, 노동자 파업, 베트남 전쟁까지 어지러운 시대의 조류
안에서 자신이 원하는 삶을 찾아 방황하던 이 시기는 작가의 문학
적 원형이 된다. 세 작품은 각각 다른 시대, 다른 공간, 다른 인물들

을 보여주지만 모두 자아를 찾아가는 청소년들의 고군분투를 다루고 있다. 이들이 이 과정에서 얻은 것을 한마디로 정리하자면 '자아정체감'이다.

청소년기의 중요 과업: 자아정체감

청소년기에 획득해야 할 과업 중 가장 많이 언급되는 것이 '자아정체감'이다. 에릭슨과 마샤에 의해 도입되고 발달해온 개념인 자아정체감은 나 자신에 대한 현실감이라고 할 수 있다.◆ 한 개인이 어디에 위치해 있는가에 대한 정확한 파악과 자아실현을 위한 일이 무엇인가에 대한 인식 혹은 사고이다. 어른이라고 자아정체감이 모두 확립되어 있는 것은 아니다. 청소년기에 이 과업을 잘 달성하지 못하면 그는 미성숙한 채로 남아 어른이 되고 수많은 문제와 어려움에 부닥치게 된다. 자아정체감을 형성하는 데에 학습 능력이나 지능, 지위 고하, 재산 유무, 신체적 능력 등이 영향을 주긴 하지만 이것들이 결정적인 것은 아니다. 오히려 성장하면서 겪은 경험의 질, 직면하고 대처해본 어려움, 접해본 사람들의 다양성, 자신에 대해 생각해볼 기회, 자신을 둘러싼 환경이 주는 자극 등이 더 깊게 연관된다. 청소년기가 자신을 만들어가고, 정체성을 인식하고, 자아실현에 대한 고

◆　박아청, 『에릭슨의 인간 이해』, 교육과학사, 2010.

　　　　　　　우울한 청춘의 그늘, 연우

민을 시작하는 시기이기 때문에 우리는 청소년기의 과업으로 자아 정체감 형성을 중요하게 생각한다.

연우는 청소년기를 보내면서 다양한 경험을 많이 하지 못한 것처럼 보였다. 친구 관계가 넓지 않고 학교생활도 큰 자극이 되지 못했다. 게임이나 책, 음악, 운동, 여행 등도 연우의 관심을 크게 끌지 못했다. 좋아하는 일은 자전거를 타고 교외 조용한 곳에 갔다 오기였는데 이마저도 친구들이 별로 좋아하지 않아 한두 번 하다 그만두었다. 부모님은 교육이나 생활 면에서 관여하지 않았고 대화 자체도 별로 나누지 않았다. 자아정체감 형성에서는 다양한 경험과 교육적 자극이 중요한데, 가난한 가족의 청소년들은 이런 부분에서 취약한 환경에 놓여 있다.

나는 학교나 공공도서관과 같은 공공영역에서 빈부 차이에 상관없이 아이들에게 다양한 경험을 제공해주는 체계가 마련되어야 한다고 생각한다. 사실 학교, 마을공동체, 지역아동센터, 청소년복지관, 공공도서관 등에서 이미 다양하고 많은 프로그램이 시행되고 있다. 이 프로그램이 더 다양해지고 접근성이 높아지고 질적으로도 향상된다면 많은 가난한 청소년들에게 도움이 될 것이다. 내가 인터뷰한 가난한 가정 중에는 경제적으로는 어려웠지만, 어머니가 이런 프로그램에 관심이 많아서 매우 적극적으로 정보를 알아보고 열성적으로 참여했던 사례가 있다. 그 가정의 아이들은 전혀 구김살이 없었고 열등감과 위축감 없이 매우 잘 성장하였다.

그렇다면 별다른 교육적 자극이 없이 청소년기를 보낸 연우는 자아정체감을 잘 형성하지 못하고 있었을까? 세 번의 인터뷰 과정에서 관찰한 바로는 그렇지 않았다. 고등학생이 되면서 친구들에게 인정받으며 자신감이 생겼고, 학교에서 배운 건축 디자인이 재미있다는 것을 발견했다. 일단 관심 있는 것을 만나자 연우는 슬슬 날아오를 준비를 하고 있었다. 이때까지 연우에게는 자신만의 색깔이 떠오르기를 기다리며 사색하는 시간이 필요했던 것 같다.

사색하는 시간

연우는 성격이 활발하거나 적극적이지 않았고 오히려 조용한 편이었다. 하지만 기본적으로 학교를 열심히 다녔고, 주위 환경과 삶의 가치에 대해 자신의 생각이 뚜렷했고, 무엇보다도 '사색하는 시간'을 충분히 가졌다. 연우는 혼자서 생각하는 시간이 많았다고 했다. 끊임없이 자신을 둘러싼 환경에 대해 고민했기 때문에 원하는 진로를 만났을 때 이전과 달리 주도적인 자세를 보일 수 있었다. 청소년기는 에너지를 밖으로 발산하며 성장하는 시기이기에 혼자서 생각하는 시간을 충분히 갖기 어렵다. 독서와 명상, 산책, 일기 쓰기 등을 한다면 가능할지 모르지만 청소년들에게 이것들은 매력적이지 않은 일이다.

사실 사색하는 시간은 청소년만이 아니고 모든 연령이 다 가져야 할 시간이다. 하지만 청소년기에 자신을 돌아보고 곱씹어보며 미

우울한 청춘의 그늘, 연우

래를 전망하는 시간은 자아정체감 형성에 지대한 영향을 미친다. 동명의 소설을 원작으로 한 영화 <완득이>에서 완득이는 교회에 가서 종종 기도를 한다. 기도야말로 일기처럼 자신을 돌아보고 속마음을 고백하고 소망을 소리 내어 말하는 자기 몰입의 시간이다. 완득이가 여러 가지 우여곡절을 겪지만, 외국인 어머니를 받아들이고, 킥복싱에서 자신감을 찾고, 주변 이웃들과 어울려 살 수 있었던 것은 기도를 통해 자신의 내면을 바라보고 소망을 발견할 수 있었기 때문이다. 청소년을 다룬 소설이나 영화들을 보면 주인공이 방향도 없고 할 일도 없이 배회하는 장면이 많이 나온다. 겉으로는 그저 싸돌아다니는 모습이어도 속으로는 골똘히 자신의 내면과 치열하게 만나는 시간이다. 젊은이들만이 누릴 수 있는 이런 아무런 목적이 없는 시간 또한 '사색하는 시간'이다.

하지만 요즘 청소년들은 너무 바쁘다. 학교에 학원에 그 외 다양한 활동에 할 일이 많다. 학교에서 학급 단합대회를 하려면 제일 힘든 것이 날짜를 정하는 일이다. 고등학교 학생들과 학교 끝나고 뭔가 소통을 하려면 새벽 1~2시에 해야 한다. 카카오톡이 그때부터 불이 난다. 틈틈이 아이들은 게임도 하고 SNS도 해야 한다. 이런 청소년들에게 사색하는 시간은 거의 없다고 봐도 무방할 것이다. 아이들이 학원에, 게임에, 스마트폰에 들이는 시간도 있어야겠지만, 목적 없이 허송세월을 할 필요가 있다. 당장은 쓸모없고 아무것도 하지 않는 것 같지만, 이러한 시간을 보내며 자신과 세상과 미래에 대해 고민해보는 기회를 갖기 때문이다. 친구들과 어울려 다니더라도 자기 머리로 스스로 생각하는 시간을 충분히 갖지 않으면 자신이 정말로 원하는 것, 자신의 본모습을 찾기 어려워진다.

그런 점에서 보면 연우가 다른 청소년들과 달랐던 점은 누구보다도 사색하는 시간을 잘 영위했다는 것이다. 혼자만의 시간을 갖고 가족과 자신이 추구하는 삶의 가치에 대해 조용히 생각했고, 앞으로 무엇을 해야 할까, 어떤 부분이 인생에서 후회되나, 내가 원하는 것은 무엇인가를 깊이 고민했다. 연우가 디자인 평면도를 그리는 일을 해보고 자신이 좋아하는 분야라는 것을 알아낸 것도 이런 시간 덕분이었을 것이다. 그는 자신이 원하는 일을 발견하자 주도적이고 계획적으로 자기 구상을 실행으로 옮겼는데, 나는 연우가 보여준 이러한 주도성과 자율성이 사색하는 시간을 통해 형성된 자아정체감에서 나왔다고 생각한다. 그러므로 청소년들에게는 홀로 충분한 시간을 갖고 생각해보고 선택하고 결정하고, 실패하더라도 다시 일어서는 경험을 마음껏 할 수 있는 여유가 필요하다.

"
여기서 밀리면
끝이에요
"

빈곤의 늪,
수정

◆

불우한 가정에서 성장한 청소년이 가난에서 벗어난다는 것은 어떤 상태를 의미할까? 모든 어려움을 딛고 대학에 합격하는 것? 좋은 일자리라고 불리는 정규직에 취직하는 것? 정규직은 아니라도 시간과 임금 면에서 여유를 얻는 것? 열심히 돈을 모아서 빚을 갚고 안정된 삶을 사는 것? 이상의 모든 것을 이루면 그 후로는 '모두 행복하게 살았습니다'일까? 이제 빈곤가정에서 성장한 수정이 대학을 마치고 취업한 이후 그 앞에 펼쳐지는 삶에 대해 이야기하고자 한다.

취직 후 맞이한 현실

수정네는 오랫동안 기초생활수급가정이었다. 아버지에게

131

는 아기 때부터 떨어져서 경제적 지원을 받지 못했고 어머니는 공황장애를 앓는 장애인이어서 생계를 꾸려나갈 수 없었다. 수정은 한 살 터울인 언니에게 의지하며 열심히 공부했고 누가 봐도 모범적인 학교생활을 했다. 진짜 친한 친구 외에는 수정이 가난하다는 것을 모를 정도로 구김 없고 밝은 모습을 항상 보였다.

수정은 성실한 학교생활을 토대로 유아교육 전공으로 대학에 진학했다. 대학생활도 매우 열심히 임해서 좋은 성적으로 졸업했고 유치원 교사가 되었다. 매달 중위소득을 약간 밑도는 정도의, 하지만 안정적인 월급을 받았다. 수정네는 임대주택을 분양받느라 대출이 있었고 약간의 월세를 내고 있었다. 하지만 아동기에 살았던 집에 비하면 안정적인 주거환경이어서 만족스러웠다. 수정은 이제 자신과 언니가 번 돈으로 대출을 갚으며 착실하게 잘 살면 될 것이라고 생각했다.

돈을 벌기 시작할 때부터, 어떻게 해서든지 빚을 최대한 몇 년 안에 갚고 그다음부터는 우리가 모을 수 있는 만큼 모으자고 했어요. 그런데 1년이 지나고, 2년이 지나도 전혀 나아지지도 않고, 더 어려워지고, 내야 할 돈이 밀리는 일이 생겨요. (…) 기초생활수급자 때는 "도와주세요, 도와주세요" 하면 저희가 학생이었으니까 어떡해서든 도움을 받을 수 있었겠죠. 지금은 누가 도와주지 않잖아요. 언니와 저 둘 다 졸업도 했고, 직업도 있고요. 여기서 밀리면 끝이라는 생각을 했어요. 더 이상 모아놓은 돈도 없고, 생활은 해나가야 하는데….

여전히 살림은 가난했고 아픈 어머니의 간병에 돈을 치르고 나면 남는 돈이 거의 없었다. 가난한 가정에서 자란 청소년은 가난한 청년이 되었다. 아무런 기반도 없이 취직하자마자 바로 생계를 책임져야 하는 수정은 가난을 벗어날 디딤돌을 만들기가 어려웠다.

월급 받아서 엄마에게 딱 주고 나면 저는 백만 원도 안 남아요. 연금 이런 거 다 빠지면 저한테 들어오는 돈이 칠십 정도? 또 핸드폰 요금 나가고 보험료 제가 내고, 교통비하고 뭐 나가면 한 달에 쓸 수 있는 게 삼십만 원? 거기서 또 선생님들끼리 내는 회비 십만 원 나가면 정말 모을 돈이 없었어요. 그렇게 1년을 지내고 나니까, 주변에서 친구들이 얼마를 모았다, 어떻게 모으고 있다고 하는데, 저는 진짜 모은 게 하나도 없는 거예요. 정말 열심히 살았고 직장생활을 하고 경험은 남았는데, 돈은 별로. 그렇다고 내가 딱히 막 뭘 쓰고 다니면서 내가 하고 싶은 걸 다 하지도 않았는데.

학교 다닐 때는 상상하지 못했던 이런 현실적인 문제들이 수정을 옥죄고 초조하게 했다. 결국 돈에 얽매이고 계산적으로 따지고 불안해하는 일이 많았고 이런 불안은 다른 사회생활에도 영향을 주었다.

생각은 항상 뭔가에 쫓겼어요. 넉넉히 쓴다는 느낌은 없고, 뭔가 쓸 데 되게 엄청난 고민을 해요. 교통비를 쓰더라도 되게 심각하게 계산적이었어요. 나는 한 달간 이 돈으로 살아야 돼. 그럼 나는 이렇게 써야 하고, 거기서 만 원이라도 생각을 안 하고 쓰면 어떻게 되지? 그리고 자는 것도 제가 막 계산을 하고 있는 거예요. 내가 몇 시부터 몇 시까지 잘 수 있고, 나는 오늘 몇 시간 잤네? 몇 시간 못 잤네? 사소한 것도 하나하나 다…. 친구들 만날 때도, 오늘 돈을 이만큼밖에 못 쓰는데, 그럼 얘를 만나면 안 되겠다, 그러면서 사람들을 점점 안 만나게 되는 거예요. 돈이 계속 나가니까. 그래서 심각할 때는 친구를 한 명도 안 만났어요.

여기서 밀리면 끝

'밀리면 끝'이라는 생각은 수정이 청소년기부터 해왔던 생각이다. 좋은 직장을 얻기까지 수정은 쉼 없이 달려왔다. 취직하기 전까지 잠깐 한숨이라도 돌리면 바로 수급 자격을 잃고 각종 지원이 끊어져서 아픈 엄마를 돌볼 수 없고 생활을 영위해나갈 수 없었기 때문이다.

전에는 그렇게 내가 막 열심히 해야겠다는 생각은 없었던 것 같아요. 그런데 대학교 오니까, 당장 대학교를 안 다니면 수급이 다 끊기고 생활 자체가 안 되는 거예요. 힘들어서 학교를 쉬고 싶어도 맘대로 못 해요. 학점이 안 나오면 장학금을 못 받으니까 또 무조건 못 다니고요. 알바도 하기 싫고 쉬고 싶은데 용돈이 없으니 해야 되고. (…) 언니도 휴학을 하고 싶어서 어떻게 하면 되는지 알아봤는데, 휴학은 할 수 없다는 거예요. 휴학하면 기초생활수급자 자격이 끊긴대요. 그러면 엄마 약값하고 생활비가 감당이 안 되잖아요. 그래서 그냥 학교를 다니는 수밖에 없었어요. 무조건 열심히 하는 것밖에 방법이 없다고 생각했어요.

수정은 공황장애를 앓고 있는 엄마를 옆에서 돌봐야 하기 때문에 집에서 상당히 먼 곳에 있는 대학교를 매일 통학했다. 대학 근처에 살지 못하고 왕복 다섯 시간이 걸리는 거리를 매일 지하철로 다녔다. 유아교육과는 수업마다 수행 과제가 많기 때문에 밤을 새기 일쑤였다. 장학금을 받기 위해서는 수업도 대충 들을 수가 없었다. 작은 용돈이라도 벌기 위해 주말에는 아르바이트를 했다.

유아교육과 특성상 취업을 위해서는 실습 경력이 중요하다. 다른 학생들은 실습과 수업을 병행하고 있는데, 수정은 도저히 그럴 짬이 나지 않았다. 엄마를 돌보며 학교를 나가는 것도 벅찬데 실습까지 다닐 여력이 없었다. 학기 중에 못 채운 실습 경력을 졸업 후에 메꿔야 하는데, 거기에 드는 비용과 그만큼 취업이 늦어질 때 집의 생계는 어떻게 꾸려가야 하나 걱정이 되었다. 졸업하면 당장 수급이 끊기기 때문에 생계비와 치료비가 급한 수정네는 몇 년을 수입 없이 취업준비생으로 지낸다는 것 자체가 배부른 소리였다. 이런 각박한 조건이 심리적으로도 더 이상 물러설 곳이 없다는 절박감을 갖게 했다. 게다가 언제 응급실에 갈지 모르는 엄마 때문에 항상 긴장하고 불안해하며 대기하는 생활을 해야 했다.

한번 엄청 슬럼프가 왔어요. 토요일 날 보강이 잡혀서 학교에 가야 되는데, 너무 머니까 가기 싫은 거예요. 일어났는데 벌써 늦었어요. 저는 겨우 두 시간 잤을 뿐인데…. 학교를 가긴 갔는데 기분이 너무 안 좋았어요. 원래 제가 수업 시간에 말을 엄청 많이 해요. 그날은 말을 계속 안 하고 있었어요. 너무 조용하니까 친구들이 왜 그러냐는 식으로 물어보는데, 대답하기도 싫은 거예요. 밥 먹고 또 수업을 들어야 했어요. 누가 건드리면 완전 울음이 나올 것 같아서 꾹꾹 참고 있었어요. 계속 참고 참다가 아는 언니가 "너, 오늘 왜 그러냐"고 하는데, 확 울음이 나왔어요. 그 모습을 보여주기 싫어서 그냥 화장실에 가서 울고 왔어요. 기분이 엄청 다운돼 있을 때는 다 하기 싫었어요. 다 놓고 싶고 그냥 아무것도 하기 싫었어요. 그런데 밤에 알바 가서 일할 때는 다시 기분이 좋아져서 뭐든지 다 할 수 있을 것 같은 거예요. 그래서 이상하다고 생각했어요. 하루 사이에 기분 격차가 심한 거예요. 지난 1학기 때도 그랬어요. 지하철 타고 가다가 엄청 죽고 싶어졌는데 또 그걸 견디면 괜찮아지고 뭐든지 다 할 수 있을 것 같았어요. 그걸 견디는 게 되게 힘들었어요.

수정은 그 당시 감정을 드러낼 여유도, 기대서 울 휴식 같은 공간도 없었다. 우울감은 직업을 얻은 후에도 수정에게 지속적으로 찾아왔다. 우울감에 빠지면 현실의 어려움을 이겨낼 용기나 희망도 갖기 힘들었다. 수정은 현실을 외면하고 문제를 도외시하고 자신의 욕망을 회피하게 되었다.

저는 솔직히 집에 신경을 안 썼거든요. 일을 시작하고 나서 그냥 일만 한다고 했고 언니가 거의 다 신경 썼죠.(…) 지금 이런 상황에서도 저는 집안 문제에 신경 쓰고 싶지 않아요,

솔직히. 언니가 계속 이러면 놔버리게 된다고, 그러면 안 된다고, 함께 살 날도 얼마 안 남았는데 같이 해보자고 하더라고요.

지금은 일에 진짜 너무 파묻혀 살고 이 한 개의 일만 너무 쭉 해오니까 다른 건 생각을 못 하겠어요. 내가 나중에 유치원 교사가 아니었을 때, 다른 것도 할 수 있게 스트레스를 풀 만한 일이 있어야 하는데 그러려면 시간이 필요한 거니까요. 이렇게 일이 너무 빡빡하다 보니까 여기에 익숙해졌어요. 쉬면 안 되는 거죠. 그래서 주말에 또 누군가를 만나요. 몸은 또 지쳐가고 힘들어지더라고요. 평일에도 잠을 못 자는데 주말에도 그러니까….

빈곤의 수렁

수정이 안정된 직장을 얻고도 가난에서 쉽게 벗어나기 힘들었던 건 디딤돌 없는 삶의 조건 때문이었다. 게다가 성인이 되고 나자 어머니와의 관계가 다른 국면으로 접어들었고 이 관계 때문에 수정은 미래를 위한 준비를 할 수 없게 되었다. 수정과 언니가 대학에 다니는 동안 교통비, 책값, 기숙사비, 월세 등등으로 수정네는 경제적으로 매우 어려웠다. 어머니는 이때 돈을 급하게 융통하기 위해, 통장 개설이 필요하다는 지인에게 일정 정도의 돈을 받고 명의를 빌려줬다. 하지만 이 일이 금융사기와 연관됐다는 것이 밝혀졌다.

경찰서를 갔더니 경찰관도 그러더라고요. 자기가 해줄 수 있는 게 없다. 왜 사기를 먹었냐. 딱 뻔한 건데. 그 사람들은 다 해외에 있어서 행방을 추적할 수도 없고, IP를 추적할 수도 없다. 그 사람들은 엄마 명의로 통장을 만들어서, 그 통장으로 사기를 쳤어요. 그러니까 엄마도 그 사기꾼과 공범이 된 거예요. 나중에 공범 부분은 피해자로 밝혀져서 해결이 됐는데, 받기로 한 돈은 못 받았죠.

만약 당신이 평온하고 정상적인 상태라면, 사기 피해를 당하는 상황 자체가 이해가 안 될 것이다. 하지만 당장 현금이 필요하고 심리적으로 다급한 상황에 처한 사람이라면 합리적으로 사태를 바라보기 힘들다. 빈곤층은 경제적으로 어려움에 직면해 있고 안전망이 부족하기 때문에 자기 앞에 닥친 상황에서 시야가 좁아질 때가 있다. 결국 의도하지 않았고 심지어 본인도 모르는 사이에, 여러 가지 복잡한 일에 연루되는 경우가 많이 발생한다.

엄마가 한번은 아시는 분이 핸드폰을 개통하려고 하는데, 신용불량자여서 안 된다면서 제 명의를 빌려달라는 거예요. 전 그런 게 너무 싫거든요. 관계 맺고 또 얽히고 신경 써야 하는 일이고, 나도 돈이 없는데. 그때 엄마랑 엄청 트러블이 있었어요. (…) 저에게 피해 주는 일이 없도록 하겠다고 약속을 받고 명의를 빌려줬어요. 그런데 몇 주 전에 출근을 하다가 우편함에 제 이름으로 온 우편물이 있는 거예요. (…) 핸드폰 요금이 8개월이나 체납되어서 사오십만 원이 밀려 있는 거예요. 제가 만약 그걸 몰랐으면 엄마는 그냥 저한테 말을 안 해 주셨을 거예요. (…) 이제 8개월이 밀렸으니 다 정지되고 신용 그걸로 넘어갈 거래요. 엄마한테 얘기를 했어요. (…) 그런데 엄마는 저한테 오히려 체납된 게 소액이어서 상관없으니 그냥 냅두라는 거예요. 저는 너무 서운해서 어떻게 엄마는 말을 그렇게 하냐고 또 싸웠어요. (…) 그런 사람한테는 아예 명의를 빌려주면 안 되는데. (…) 그나마 모아둔 돈을 다 쓰고 비상금도 가질 수 없는 상황이 계속 생기는 거예요. 이런 사건이 되게 많아요.

　　더욱 심각한 일은 어머니에 대해 예전에는 몰랐던 사실을 알게 된 점이었다. 어렸을 때는 누구보다 의지하고 울타리가 되었던 존재였는데, 성인이 되어 지각이 생기고 눈이 트이자 어머니의 다른 면들이 보이기 시작했다.

엄마가 고스톱을 하세요. 그게 꽤 오래됐어요. 어렸을 때부터. 언니랑 저는 초등학생 때니까 그게 좋다 안 좋다 이렇게 못 하잖아요. 엄마가 얼마나 거기다 돈을 쓰시는지 모르고 흘러갔어요. 엄마는 일도 안 하시고 사람들도 그런 데서만 만나게 되니까 그 세계에 좀 갇혀 있었던 것 같아요. (…) 엄마가 거기서 사람들을 사귀고 어느 정도 스트레스를 풀면서 지내는 건데, 그 정도는 이해할 수 있지 않을까 하고 넘어갔어요. 그런데 1년이 지나고 2년이 지나도 빚 청산이 전혀 나아지지도 않고, 생활은 더 어려워지고, 전기세 등이 밀리는 일이 생기면서, 이상하다는 생각이 들기 시작하는 거예요. 저희가 엄마한테 이백만 원이나 드리는데 부족하진 않잖아요. (…) 그래서 봤더니 돈 관리가 제대로 안 되고 있었어요. 엄마가 사용하는 돈의 액수가 크더라고요. 한 달에 사오십만 원 이렇게 나가는 거예요.

나중에는 자녀들을 돌보며 규칙적으로 살던 어머니의 생활 패턴도 달라졌다. 어머니는 자녀들의 안위나 미래보다는 자신이 받을 돈에 대해서만 관심을 갖기 시작했다. 하지만 지금껏 삶을 지탱해주었던 어머니에 대한 일이었으므로 수정은 그냥 속수무책으로 있을 수밖에 없었다.

엄마가 저희 대학교 때는 패턴이 완전 바뀌어서 오전 내내

141

자요. 그리고 거의 새벽에 들어오세요. 고스톱 치시느라고. 사람들 일이 끝나는 저녁 7시쯤 가서 새벽 1시에서 3시 사이에 항상 들어오세요. 저희는 그때 잘 시간이잖아요. 몇 주는 걱정하고 전화하고 그랬지만, 엄마가 생활 패턴을 계속 안 바꾸시니까 뭘 어떻게 해줄 수가 있는 게 아니더라고요. 그냥 냅뒀죠.

이 일은 그냥 돈 문제를 넘어 어머니의 사회생활까지 다르게 바라보게 하는 계기가 되었다. 자신이 알았던 어머니가 어머니의 전체 모습이 아니었던 것이다. 그리고 어머니의 사회생활과 인간관계는 수정에게 직접적으로 영향을 미쳤다. 수정은 자신이 제어할 수 없는 관계에 얽히고 여기서 자신이 피해를 입게 되는 상황에 대해 어찌할 줄을 모르고 매우 불안해했다.

엄마가 고스톱 판에서 만나는 사람들은 좋은 사람들이 아니에요. 진짜 별로예요. 엄마는 거기서 몇 번 싸우기도 했어요. (…) 한번 엄마한테 가지 말라고 얘기했는데 그건 저희가 신경 쓸 게 아니래요. 그냥 무조건 엄마 사생활이라고. 이게 뭔가 납득이 되게 저희한테 설명을 해주면 이해를 좀 하겠는데, 그것도 아니고.

엄마랑 소통하는 데 문제가 생겼잖아요. (…) 저는 충격적이었다고 해야 하나? 제가 얘기하려고 하면 엄마는 너무 극단적으로 차단을 해버리시니까. (…) 대화로 풀려고 했는데 그렇게 되지도 않았고, 그렇다고 강제로 우리가 거래 통장을 가져오면, 엄마는 더 극단적으로 생각하실 거고요. (…) 엄마였으니까 그냥 너무 믿었던 것 같아요. 항상 엄마밖에 없었으니까. 어릴 때는 내가 뭘 말하든 항상 엄마는 다 해결해줬으니까. 그런데 지금 생각하면, 엄마는 뭐든 해결해줄 수 있는 사람은 아니었던 거죠. 같이 문제를 해결해나가야 할 때였던 것 같아요.

수정처럼 가난한 환경에 놓인 청소년들은 본인이 취업을 했더라도 그 환경에서 온전히 벗어나기에는 오랜 시간이 걸린다. 게다가 한국사회는 자식의 부모 돌봄이라는 효孝를 중시하는 문화가 자리 잡고 있고, 부모에 대한 부양 의무를 개인에게 지우는 가족 중심 문화가 강력하다. 성년이 된 청년은 독립적인 개인이기보다는 한 가족의 구성원이라는 정체성을 더 크게 부여받는다. 성인이 된 후에 하는 연애, 공부, 취업에 가족이 깊이 개입한다.

더욱이 수정네는 워낙 주위에 기댈 곳이 없는 극빈 상태에서 살아온 가정이었기 때문에, 수정에게 어머니는 경제적·정신적으로 유일하고 강력한 울타리였다. 이런 환경과 조건 때문에 수정은 어머니의 다른 모습에 대해 늦

게 깨달을 수밖에 없었다. 수정은 경제적으로 자립하기에
도 힘든 20대에 어머니와의 관계를 재정립해야 하는 숙제
까지 안게 된 셈이다.

현실에서 퇴색해버린 꿈

대학에 다닐 때 수정은 개인적인 꿈이 있었다. 편입을 해
서 4년제 대학에서 공부도 하고 싶었고, 취직에 도움이 되
는 자격증도 따고 싶었고, 관심 있던 패션 공부도 해보고
싶었다. 하지만 대학 졸업 후 취직을 하고 직장생활을 하
면서 그 많은 꿈들은 조금씩 퇴색되어갔다. 수정은 적은
월급에 이것저것 제하고 나면 남는 돈이 거의 없었고, 미
래를 위해 뭔가를 구상하고 저축할 여력이 없었다. 직장
은 안정적인 곳이긴 했지만 장기적으로 개인의 발전을 도
모할 만큼 좋은 곳은 아니었다. 노동 강도가 세고 퇴근이
늦었기 때문에 장기적 전망을 꾀하기는 어려웠다.

수정은 이 문제를 해결하기 위해 양질의 직장을 얻을
수 있는 자격증 시험을 보고 싶어했다. 그러려면 시험 공
부에 집중하기 위해 일을 그만두어야 했다. 당장 집에 생
활비로 제공할 돈이 없어지는 셈이었다. 엄마가 반대했고,
언니도 난색을 표했다. 1년을 집중적으로 공부한다고 자

격증 시험에 붙는다는 보장이 어디 있느냐는 것이다.

돈을 생각하면 자격증 공부를 못 할 것 같아서 생각했던 게 알바거든요. 유치원 보조선생님으로 들어갈 수 있어요. 그걸 하면 백이십 정도 받더라고요. 알바는 정해진 시간 안에 딱 끝내고 가면 되잖아요. 이게 원래 제가 대학교 3학년 때 다 생각해둔 건데, 자꾸 늦어지는 거죠.
　　저는 꿈도 있었고 하고 싶은 게 사실 많았는데, 지금까지 많이 좌절이 됐어요. 대학교 때도 공부를 더 하고 싶었는데 어쨌든 못 했고, 이제 돈을 벌기 시작했으니까 하고 싶었던 걸 해야지, 라고 생각했죠. 하지만 힘들었던 게, 저는 집에다 갖다주는 돈이 너무 많다 보니 거의 모을 수가 없었다는 거예요. (…) 미래가 너무 안 보이는 거예요.

　　한국의 노동시장은 고부가가치를 내는 지식집약적 산업에 진입하려면 개인이 스펙을 쌓고 정규교육에 추가해서 뭔가를 더 갖춰야만 한다. 청년층은 이를 위한 경제적 지원이 필요하다. 중산층 이상의 가정이었다면 수정은 가족의 지원을 받으며 취업준비생 생활을 몇 년 정도 할 수 있었을 것이다.

저만 봤을 때는 일할 수 있는 능력이 생겼으니까 기반이 어느 정도 다져진 것 같은데, 집안 전체를 봤을 때는 더 부족해진 느낌이고 더 힘들어진 것 같아요. 그리고 앞으로 뭔가가 없고 그냥 이 자리에 머물러 있을 것 같은 느낌? 한없이 꿈을 접어야 할 것 같은 느낌? 꿈이 현실과 부딪친다고 하잖아요. 그 말이 이해가 돼요. 처음에는 꿈만 생각했는데, 현실을 보면서 꿈을 실현하는 게 안 되는구나 싶어요. 그럼 앞을 내다보기가 힘들잖아요.

수정이 꿈꾸는 미래의 삶은 자신을 실현할 수 있는 생활과 그것이 보장되는 여유였다. 빈곤은 "단순히 낮은 소득이 아니라 기본적 역량의 박탈로 규정해야 한다." 여기서 역량은 "개인이 가치 있게 여기는 삶을 영위할 수 있는 실질적인 자유"이다.◆

수렁에서 벗어나기

유치원 교사로 일하고 있었던 20대 중반의 수정과 마지막 인터뷰를 하고 꽤 시간이 흘렀다. 간간히 소식은 들었지만 본격적인 얘기를 듣기 위해 2022년에 다시 만났다. 그

◆   아마티아 센, 『자유로서의 발전』, 김원기 옮김, 갈라파고스, 2013, 151쪽.

사이 수정은 20대 후반이 되었고 자기 인생의 큰 변환점을 한 바퀴 돌고 있었다. 우선, 어머니에게서 벗어나기로 했다. 수정은 딸로서 아픈 어머니를 돌봐야 한다는 책임감과 자신의 미래를 꿈꾸고 행복하게 살아야 한다는 전망 사이에서 오랜 기간 갈등했다. 그리고 언니처럼 솔직하게 자신을 다 표현하지 못한 채 힘들어도 내색하지 못하는 자신에 대해 움츠러들어 있었고 뭔가 스스로 할 수 있다는 자신감이 없었다.

엄마가 무슨 일을 벌여놓으면 제 일을 제쳐두고 항상 옆에서 막 쫓아다녔어요. 엄마가 보이스피싱을 당해도 제가 경찰서에 가서 해결했어요. 그러다 보니까 엄마가 더 그러나? 내 미래는 생각 안 해주고 나한테만 의지하려고 하나? 항상 옆에 있어주는 딸이라는 생각에? 저도 그때 제 마음을 많이 닫았어요. 엄마가 어떻게 나한테 이러지? 그래서 엄마한테 말 안하고 모든 이사를 계획했어요.

독립을 결심하기까지 수정네 가족은 벼랑 끝에 있는 것과 같은 위기에 처해 있었다. 수정의 꿈이 다시 현실에 부딪쳐 산산이 조각나고 있었다.

임대주택 대출금과 사채 빚을 언니랑 저랑 나눠서 갚자고 해서 (…) 3년 동안 다 갚았어요. 저는 일을 쉬고 공부하고 싶어서 집에 갖다주는 돈과 제 생활비까지 생각해 앞날을 계획했어요. 제가 그만둔다고 유치원 측에 얘기하고 새 선생님도 구하고 이제 퇴사하기 한 달 전인데, 엄마가 돈을 빌려서 다 쓴 걸 알게 된 거예요. (…) 집을 담보로 또 돈을 빌리셨더라고요, 몇천만 원을.

언니는 저보다 돈을 조금 더 많이 벌었는데, 사실 언니에 대한 원망도 되게 컸어요. (…) 그때 언니는 결혼한 후라서 같이 안 살았거든요. 언니랑 얘기를 나눠보려는 생각도 안 했던 것 같아요. 그러다 보니까 오해가 생겼고, 한 번 그렇게 완전히 단절한 적이 있어요.

사실 수정이 어머니와 언니에게 아무 얘기도 하지 않고 집을 나오기로 한 데에는 경제적인 이유보다 일단 살아야겠다는 안전의 욕구가 컸다. 항상 자신감 없고 위축되어 있던 수정이 용기를 내게 된 것은 그만큼 절박했기 때문이다. 어머니 옆에서는 도저히 행복은 고사하고 제대로 숨도 쉴 수 없을 것 같았다.

그 무렵에 저희가 돈에 대해 언급하면 엄마가 죽어버리겠다고 하고서 연락을 안 받고 문을 잠가버리는 극단적인 행동을 하니까 저는 매일 그걸 겪으며 너무 힘들었어요.

148

엄마가 그렇게 문을 잠그면 저는 그 집 문을 열고 들어가서 엄마가 살아 있다는 걸 확인해야 하잖아요. 엄마가 혹시나 잘못됐을 때 그 장면을 목격하고 내가 괜찮을까 하는 생각이 너무 많이 드는 거예요. 그런 일이 너무 잦으니까 (…) 감당할 수가 없었어요. 나중에는 제가 불안감이 너무 심해져서 잠을 못 잤어요. (…) 이러다가 내가 먼저 죽겠구나 하는 생각이 드는 거예요. 아! 나와야겠다.

수정은 집에서 나오는 과정을 아무에게도 말하지 않았고, 도움을 요청하지도 않았다. 한 몸처럼 생각했던 어머니에게서 떨어져나오는 과정은 생살을 찢는 것과 같은 고통이었기 때문에 그 무거움과 두려움이 너무 압도적이어서 아무 소리도 내지 못했다.

진짜 정해진 게 아무것도 없는 거예요. 당장 혼자 살아가야 되는데, 일도 그만둔 상태에서 마음을 다잡고 이사를 했어요. (…) 그때 운 좋게 일주일 텀을 두고, 아는 선생님이 하는 어린이집에 자리가 비었다고 해서 (…) 일을 다시 시작했어요. (…) 그때 진짜 너무 힘들었거든요. 언니도 내 옆에 없는 것 같고, 엄마도 없으니까. (…) 그건 제가 다 감당해야 하는 부분이라고 생각했어요.

수정은 처음에 급하게 집을 구하느라 비싼 월세를 얻었는데, 그 뒤에 행복주택을 신청해 훨씬 싸고 좋은 집으로 이사했다. 직장도 급하게 구한 곳 말고, 정시 퇴근이 있고 보수도 더 좋은 곳으로 옮겼다. 더 좋은 커리어를 위해 도전했던 공부는 중단했다. 이렇게 어머니에게서 독립하는 과정에서 수정은 자신감을 많이 갖게 되었고 자신에 대해서도 새롭게 바라보는 계기가 되었다.

그때 대출도 해봤고 혼자도 살아봤고, 어려운 일은 다 해봤으니까, 지금 할 줄 아는 게 더 많아졌으니까 그냥 괜찮다? 그렇게 생각하는 것 같아요. 웬만한 일은 힘들게 안 받아들이게 되더라고요. 그럴 수 있다고 생각하게 되니까 진짜 긍정적으로 많이 바뀌었어요.

　시간과 돈에서 여유가 생기고 안정감이 드니까 저에 대해서 생각할 시간도 많아지면서 많이 알게 된 것 같아요. 내가 뭘 좋아했구나. 나는 열심히 살지만 내 시간도 필요한 사람이구나. 저는 혼자서 진짜 못 한다고 생각했어요. 혼자 자는 것도 워낙 힘들어했고, 무서움도 많이 느끼고요. 그런데 혼자 살아보니까, 딱 처음 새로운 공간에 갔을 때 며칠은 굉장히 힘들었지만 나중엔 잘 살게 되더라고요. (…) 아, 이게 되는구나. 안 해서 몰랐던 거구나. 저를 많이 받아들였어요. 그러다 보니까 표현하는 게 더 건강해진 것 같아요.

새로운 관계

아픈 만큼 성숙해진다는 말이 수정에게처럼 딱 맞는 경우
는 없는 듯하다. 이 강제 독립의 과정으로 수정네 가족은
모두 변화를 겪었고 서로 조금씩 다 성숙해졌다. 가장 달
라진 점은 무엇보다 어머니와의 관계 재정립이었다. 수정
은 어머니와의 관계에 대해 도움을 받으려고 4년 전에 상
담을 받았다.

상담사분이 얘기해주셨던 게, 엄마가 100을 줬다고 해서 딸
들이 100을 안 줘도 된다는 거예요. 그 말이 크게 와닿았어
요. 언니랑 저는 항상 엄마한테 되돌려줘야 하는지 알았어
요. 엄마가 이만큼 해줬으니까 우리도 그만큼 해줘야 돼. 언
니랑 저는 우리 삶에 타격을 받으면서까지 엄마한테 다 해주
고 있었던 거예요. 그게 가장 큰 문제점이었던 거예요. (…)
엄마가 돈을 달라고 하면 저희는 다 줬는데 그게 잘못된 방
식이었더라고요. (…) 저희는 괜찮지 않다고 매번 얘기를 했
는데도 다 주니까 엄마는 저희가 괜찮은 줄 알았나 봐요. (…)
지금은 우리도 빚 갚는 데 힘들다는 걸 알아서 돈 달라는 얘
길 안 하세요. 엄마가 우리만 보고 살았던 것처럼, 저희도 엄
마만 보고 자랐어요. 엄마가 저희한테 했던 방식대로 저희도
똑같이 하고 있었던 거예요. 언니랑 제가 우리를 우선하고,

우리가 먼저 안정감을 빨리 찾아야 가족을 지킬 수 있겠구나 싶었어요.

수정은 '가족'에 대해서도 새롭게 인식하게 되었다. 심지어 이런 인식은 더 넓게 확장되어 세상을 바라보는 시야도 달라졌다.

예전에는 부모님을 등지면 진짜 못됐다는 생각만 했는데, 제가 그런 일을 겪고 나니까 내가 잘못하지 않아도 돌아설 일도 생긴다는 생각이 들더라고요. 가족이라는 걸 다르게 보게 됐어요. (…) 등을 졌다고 해서 잘못한 게 아니구나. 그런 상황이 있는 거구나. 이런 생각을 되게 많이 했어요. 그래서 다른 사람 말을 들을 때, 이해심이 더 많아진 것 같아요. 진짜 많이 달라졌어요. 그때를 지나서 생각해보면 오히려 더 단단해진 것 같아요.

지금 수정네는 각자의 공간에서 각자의 삶을 잘 영위하고 있다. 어머니는 딸들과 적절히 연락하고 만나고 있고, 언니는 직장생활과 결혼생활을 잘 이어가고 있다. 수정도 결혼을 준비 중이다.

적당한 거리가 있어야 셋이 가족을 지킬 수 있는 것 같아요.

거리가 중요하더라고요. 각자 서로의 삶을 살면서 떨어져 있어야 되는구나 느꼈어요. (…) 저는 그나마 감사한 것 같아요. 제가 되게 막혀 있었던 사람인데 지금은 되게 많이 열리게 된 것 같아요. 감정도 표현을 안 했고, 말로는 남들을 이해한다고는 하지만 제가 겪지 않으면 이해를 못 하는 사람이었던 거예요. 지금은 나랑 달라도 다 이해가 되더라고요. 제가 겪은 일들이 다르게 생각할 수 있는 계기가 되어줘서, 지금 행복할 수 있지 않을까? 그런 생각을 많이 해요.

　　나는 수정을 근 10년간 봐왔지만 자신의 어려웠던 시절을 이렇게 잘 정리하고 있는 모습은 처음 보았다. 수정 스스로도 가장 성숙하고 행복할 때 인터뷰를 다시 하게 되어서 다행이라고 말했다. 누구나 인생의 질풍노도를 겪는다. 그 무게와 정도를 객관화할 순 없겠지만 고단했던 10대와 폭풍 같았던 20대를 관통하고 있는 이 청년에게서 삶을 긍정하는 에너지를 매번 배우게 된다. 힘든 고통의 순간에도 삶을 희망하는 줄기를 잡고 있으면, 결국에는 지나가는 하나의 과정이 된다는 걸 몸소 보여주고 있기 때문이다. 통과의례를 거치고 수정은 더 넓은 관점에서 모든 걸 새롭게 인식하고 있었다. 세상, 타인, 가족, 심지어는 자기 자신까지도.

취업 이후에도
왜 빈곤 대물림은 끊이지 않는가?

성인이 되고 나서 부모의 과오 혹은 문제행동으로 고통받는 자녀들
이 있다. 부채가 자녀에게 넘어가거나, 부모의 과오를 해결하라고 압
박받는다. 부모의 문제를 자녀 스스로 외면하지 못하고 해결해주기
도 한다. 우리는 이것을 자녀의 부모 사랑, 효孝라고 부른다. 물론 부
모가 자녀를 키우면서 베푸는 사랑과 돌봄은 이루 말할 수 없이 크
며, 자녀는 부모에게 보답하고자 하는 마음을 품게 되는 것이 자연
스럽다. 하지만 사회적으로는 부모가 자신의 노후생활을 자녀에게
의탁하기 위해 만들어놓은 관습이 효라고 설명한다. 아름답게 '부모
님 댁에 전화를 자주 드려서 정情을 표현하고', '보일러를 놔드릴' 수
있다면 문제라고 할 수 없겠지만 그것이 개인의 삶을 억압하고 피폐
하게 하면 문제가 된다. 안타깝게도 가난한 가족에게는 그런 문제가
많이 발생한다.

빈곤가족이라는 연좌제

가난한 가정의 부모는 사회적 지지체계가 약하기 때문에 문제를 해결할 수 있는 여타의 다른 수단이 없는 경우가 많다. 수정은 어머니와 연관된 크고 작은 일들 때문에 경찰서를 들락거리고, 요금이 연체되고, 신용불량의 위험에 처하거나 빚쟁이들이 따라오는 일을 겪었다. 가난한 가정일수록 자녀 세대가 이런 어려움을 감당해야 할 경우가 많은데, 근본적으로는 가난한 가정만의 문제가 아니라 우리사회가 인습적으로 '가족 공동체' 단위에 여전히 젖어 있기 때문이다.♦ 경제체제나 생활구조는 이미 '개인' 단위의 분화가 일어났지만 인습과 문화가 그것을 따라오지 못해서 생기는 문화 지체 현상이다. 빈곤가족은 '가족 공동체'로 묶어서 바라보는 사회적 인습 속에서 두 가지 어려움을 직면한다. 그것은 자녀의 양육 책임, 그리고 부모의 노후 봉양을 개별 가족 공동체에 지나치게 의존하는 제도적 관행이다.

수정의 어머니는 가난한 상황에서 자녀들을 키우기 위해서는 자신의 강한 의지와 노력 외에는 의존할 곳이 없었다. 복잡한 제도를 알아보고 기초생활수급권을 신청하고 가난을 증명해서 사회단체의 도움을 얻기까지 본인과 아이들이 똘똘 뭉쳐 적극적으로 나서

♦   장경섭·진미정·성미애·이재림, 「한국사회 제도적 가족주의의 진단과 함의」, 『가족과문화』27(3), 2015.

야 했다. 물론 지금은 제도적 장치가 많이 마련되어서 거의 무상교육에 가깝고 아동수당과 교육수당도 나오지만, 여전히 아이를 돌보는 책임은 철저히 그 가족에게 맡겨져 있다. 우리가 언론을 통해, 빚에 몰리고 생활고에 시달려 '동반자살'을 했다는 가족의 뉴스를 심심찮게 접하는 것도 그런 맥락 속에 있다. 자신은 괴로움에 세상을 하직하더라도 남은 아이들은 사회가 잘 키워줄 수 있다고 믿었다면 그런 살인 행위는 저지르지 않았을 것이다.

자녀 양육이 가족만의 몫이 아닌 것과 마찬가지로, 연로한 부모의 부양 책임도 개인이 아니라 사회의 몫이 되어야 한다. 수정의 어머니는 수정의 월급 중 상당량을 수정의 발전을 위해서가 아니라 가족을 위해 쓰는 것을 매우 당연하게 여겼다. 이제 겨우 2~3년 경력인 수정의 월급은 최저시급을 조금 넘는 수준이었지만, 어머니에게 드리는 돈은 백만 원이나 됐다. 물론 어머니 약값과 병원비를 고려한 금액이지만 수정에게 적지 않은 부담이 되었던 것은 분명하다. 부모의 부양 책임이 기본적으로 자녀에게 있다는 것은 농경 중심 사회나 대가족 제도에서나 통용되는 일이다. 직종이 분화되고 다양화되는 현대 산업사회에서는 노동자들의 이동성과 노동시장 변수가 많다. 지금은 평생직장이라는 말도 사라지고 있고, 2020년 경제활동인구조사에 따르면 비정규직의 비율은 40%나 된다. 현재 청년층은 이런 노동시장의 조건 속에서 비정규직과 정규직을 오가며 이동성이 많고 불안정성이 높은 직종에서 근무하고 있다. 가난한 가정의 자녀 세대는 여기에 가난한 부모를 부양해야 할 이중고를 짊어지고 있는 셈이다.

한편, 한국사회에 노인 빈곤율은 심각하다. 이는 베이비부머 세대가 주도하는 인구구조 때문에 노년층이 급격히 늘어나고 있는 반면, 인구구조의 변화를 대비하지 못한 우리 사회가 노인복지 제도를 충분히 발달시키지 않았기 때문에 발생한 문제이다. 즉, 노인빈곤은 인구구조의 변화, 부의 축적구조의 불평등, 사회복지 제도의 미성숙에 그 원인이 있다. 이렇게 복합적인 문제를 두고, 노동시장 불안정성과 높아진 자산가치 때문에 내 집 마련도 어려운 자녀 세대에게 부양 의무를 다하라고 요구할 수는 없다. 사회복지계에서 국민기초생활법상 부양의무자를 폐기하라고 끊임없이 요구해온 것은 이런 배경을 밑바탕으로 하고 있다. 상속법 제도에도 문제가 있다. 부모의 빚이 부모 사망 후 상속 포기나 한정승인을 하지 않으면, 법적으로 자녀에게 상속된다. 기본적으로 이런 법안에 깔려 있는, 가족 공동체를 하나의 단위로 인식하는 습속부터 바꾸어야 한다.

출발선부터 다른 불공정 게임

가족 공동체 중심의 인식체계는 청년의 자립과 사회 진출도 가족의 몫으로 돌리고 있다. 가족 공동체가 적극적으로 도와주어야 자녀가 중산층 이상의 사회·경제적 지위에 성공적으로 진입할 수 있다. 자녀의 사회 진출을 적극적으로 도와줄 만한 여유는 중산층 이상의 가정에 있다. 그럴 여유가 없는 가정의 자녀는 고부가가치 산업에 진입할 수 있는 고스펙을 쌓지 못하기 때문에 저소득 혹은 주변부 노동시장에 머물러야 한다. 즉, 첫 노동시장 진입까지 너무 많은 비용이 들고, 가족 공동체가 이를 전폭적으로 지원해야 하는 현 구조는 빈곤을 재생산한다. 이제 우리 사회는 계층 상승의 기회가 거의 없는, 아예 계층 상승의 사다리를 걷어차버리는 구조인 셈이다. 비단 한국에서만 나타나는 현상은 아니지만, OECD 국가에서는 소수 상류층에서 일어나는 일이 우리는 좀 더 넓은 계층에서 매우 보편적으로 일어나고 있다. 부모의 부와 계층이 세습되는 사회가 되면서 부모와 같은 사회경제적 지위를 얻기 위해 오랫동안 부모에게 의지하는 현상이 일반화되었다. 부모에게 오랜 기간 의존하고 사는 성인 자녀의 삶에 대해 우리는 별로 이상하게 생각하지 않는다. 대학을 5~6년 다니는 것은 낯선 일이 아니고, 어학연수나 유학을 가고 취업 준비를 하면서 부모에게 경제적으로 의존하는 것을 당연하게 여긴다. 중산층 이상의 부모들은 자녀들이 대학을 진학한 후, 등록금 외에 훨씬 더 많은 교육비를 지출하고 있다고 말한다. 그렇게 자녀를 오랫동안 지원할 수 있는 부모의 능력에 대해 뿌듯하게 여기기도 한다.

이런 구조하에서 빈곤층 청년들은 출발선부터 불평등한 구조 아래 놓인다. 빨리 졸업하고 취업을 해서 생계에 보탬이 되거나 독립을 해야 하기 때문에 취업 준비를 하며 부모에게 의지하는 생활은 꿈꾸기 어렵다. 수정은 더 안정적이고 좋은 일자리를 위해 1년간 집에 돈을 가져올 수 없다고 했다가 가족들에게 모진 소리를 들어야 했다. 혼자서 어렵게 준비해서 임용 공부를 시작하려던 찰나에 다시 좌절을 겪었다. 가난한 청년들에게 취업준비생이란 말은 배부른 소리이다. 더욱이 출발선이 다르면 이후 노동시장에서의 불평등은 더욱 심화될 뿐 개선되진 않는다. 우리 사회에서는 고졸자와 3년제 대학 졸업자, 4년제 대학 졸업자 간의 임금 격차가 극심하고 승진 기회는 철저히 나누어져 있다. 천현우 작가가 자신이 용접공으로 일했던 경험을 담은 책 『쇳밥일지』를 보면, 충분한 휴식과 마땅한 임금이 보장된 좋은 일자리가 가난한 고졸 노동자계급에게 얼마나 멀리 있는지 알 수 있다. 툭하면 산업재해를 당하고, 아무리 경력을 쌓아도 임금에 반영되지 않으며, 미래를 위한 공부나 여가가 보장되지 않는 삶은 21세기 동시대에 일어나고 있는 일이라고 보기에는 매우 참혹하다. 청년 세대의 가난은 과도기적이고 진화하는 과정에서 일순간이 되어야 한다. 그러므로 이들에게는 현재의 가난에 대한 지원도 필요하지만, 직업훈련 지원, 주거 안정 자금, 일-학교 병행이나 일-가정 병행(결혼한 경우) 제도 등이 더 절실해 보인다. 이런 제도들은 가난한 청년들에게 평생의 삶의 질을 좌우하는 안전망이 될 것이다.

빈곤의 늪, 수정

"

오토바이를 타면
답답한 기분이 풀려요

"

말 그대로 질풍노도,
현석

◆

2011년에 방영한 〈빠담빠담〉이라는 드라마가 있다. 주인공 양강칠은 청소년기에 살인 누명을 쓰고 16년간 복역후 출소한 인물이다. 성품은 착하고 머리와 손재주도 좋지만, 거침없는 성격과 억울하게 옥살이를 했다는 분노때문에 종종 사고를 친다. 하지만 그가 친 소소한 사고들보다 그가 전과자라는 세상의 편견과 오해가 그의 삶과사랑을 가로막는다. 이 장의 주인공 현석도 그런 편견과오해 속에서 꿋꿋하게 살아가는 청년이다.

첫 만남

내가 처음 현석을 만난 것은 그가 소년보호시설에 있을때였다. 절도 사건과 폭행 건으로 현석은 1년간 감호처분을 받은 상태였다. 마침 현석이 다녔던 지역아동센터 선생님들과 아버지가 면회를 간다고 하기에 함께 따라나섰다. 소년보호시설은 예상보다 깨끗했고 면회실에는 가족들이 많이 있었다. 수감자가 청소년들이기 때문에 부모를 위시한 가족들이 많이 온 듯했다. 나는 현석을 만나기 전 그 아이가 어떤 모습일지 무수히 상상하였다. 아마도 내 머릿속에는 흔히 '소년범'이라는 선입견이 가득 들어 있었을 것이다.

하지만 실제로 만나 본 현석은 얌전하고 순한 아이였다. 매우 의외였다. 현석은 아버지와 센터 선생님들 사이에 있는 낯선 나를 보고 특별한 반응을 보이지 않았다. 아버지와 선생님들에게도 별 말 없이 수줍은 표정만 짓고 있었다. 뭐 먹고 싶냐, 뭐 필요하냐는 말에도 별 반응을 하지 않았다. 그냥 여기서 잘 지낸다고 얘기할 뿐이었다. 나중에 인터뷰에서 소년보호시설에 있을 때의 느낌을 현석은 다음과 같이 말했다.

이제는 나쁜 짓 안 하려고요. 들어갔다 나오니까 별로 안 좋아요. 일단 갇혀 있잖아요. 답답했어요.

소년보호시설은 다시 범죄를 저지르면 또 갇힐 수 있다는 공포감을 통해 거부반응을 일으켜서 범죄 재발을 예방하고 있는 것처럼 보였다. 담임선생님 같은 역할을 하는 감독관에 따르면 그 안에서 이뤄지고 있는 교육은 자격증을 따거나 기술을 배울 수 있도록 해주지만, 큰 효과를 거두고 있는 것처럼 보이지 않았다. 그저 감호처분을 받는 동안 철저하게 통제해서 아이들을 밖으로 나가지 못하게 하는 '감금'과 '격리'의 의미가 커 보였다.

현석을 함께 면회한 지역아동센터 선생님들은 현석의 문제를 자기 일처럼 걱정했다. 언뜻 보면 아버지보다도 적극적으로 대처하고 있었다. 그때 있었던 보호시설보다 조금 더 교육적으로 청소년들을 수용하는, 종교재단에서 운영하는 감호기관을 알아보았고 직접 방문도 하였다. 현석에게 장애가 있다고 판정받아 감형을 받는 방안도 추진하고 있었다. 센터 선생님들은 현석의 지능이 평균치보다 좀 떨어지는 경계성지능으로 장애 등급을 받을 수도 있으며, 만약 그렇게 된다면 재판에서 유리하게 적용될 것이라고 했다. 선생님들은 초등학교 때부터 현석을 봐왔기 때문에 현석이 학습 면에서 장애 등급을 고려할 만큼 능력이 떨어지고 말이 어눌하다고 생각했다. 하지만 내게 열일곱 살의 현석은 그렇게 보이지 않았다. 결국 현석은 선생님들의 예상과는 달리 판사가 구형한 대로 형 집행을 모두 살고 나왔다.

분명한 것은 지역아동센터 선생님들이 현석의 형 집

행 상황을 매우 각별하게 챙겼다는 점이다. 그만큼 현석을 가깝게 돌봐주고자 했다. 그들이 현석을 어릴 때부터 봐왔고 가족사도 잘 알고 있었기 때문이다. 선생님들은 아마도 자신들 외에는 현석을 제대로 도와줄 사람이 없다고 생각했던 것 같다. 그만큼 현석에게 돌봄의 공백이 컸다.

돌봄의 공백 메우기

현석은 담담하게 자신의 어린 시절을 얘기했다. 하지만 그 안에 있는 돌봄의 결핍은 여실히 느껴졌다.

엄마는 초등학교 2학년 때 떠나셨어요. 그 뒤로 엄마 얼굴은 못 봤어요. 엄마가 없으니 힘들었죠. 그냥…. 엄마 없는 것 자체가. 두 분이 이혼한 건 아빠가 계속 술 먹고 들어와 싸우고 그래서. 아빠는 싫어요. 계속 술을 먹으니까.

초등학생 때요. 학교 좀 빠지면서 전학도 갔어요. 거기가 좀 멀어서요. 학교 다니기가 싫은 거예요. 그냥 아침부터 일어나 씻고 학교 가는 게 귀찮았어요. 중고등학교 때도.

엄마 있는 애들이 부러운 건 그냥 엄마가 아침에 깨워서 딱 차 태워줘서요. (…) 저는 맨날 버스 타고 다녔거든요. 아침부터 엄마 있는 애들은 차 타고 다니고요. 그게 부러웠어요.

어린 시절에 친어머니나 친아버지와 헤어진 후 전혀 연락도 하지 않고 소식도 모르고 살았던 청소년들은 이들의 존재에 대해 무시로 일관했다. 보고 싶지도 않고 관심도 없다는 것이다. 나는 이것이 무시하는 것 외에는 선택할 다른 방안이 없기 때문에 행사하는 방어기제라고 생각한다. 존재 자체에 대한 경험이 없는데 어떻게 다른 감정을 갖겠는가.

아빠는 잘 산 것 같아요. 세 식구를 먹여 살렸잖아요. (…) 건축 내장재 일은 좀 안 좋은 것 같아요. 힘들잖아요. 막노동이고, 돈도 조금 주고요.

현석 아버지는 건축 내장재 일을 하는 저임금 육체노동자였다. 말수가 적었고, 사람을 똑바로 바라보고 자신 있게 얘기를 하지 못했다. 나는 현석이 어릴 때 경계성 지능처럼 지능이 떨어져 보였던 것에 아버지의 이런 특성이 영향을 미쳤으리라 생각한다. 또한 아이들에게 어머니가 없었다는 사실은 현석과 누나들이 얼마나 돌봄의 공백속에 방치되어 있었는지를 가늠하게 한다. 현석은 성장에 도움이 될 만한 교육적인 자극을 거의 받지 못하고 자라왔다.

현석은 차츰 학교를 가지 않게 되었다. 아버지는 처

음에는 결석했다고 매를 들기도 했지만 결석과 탈학교, 가출이 반복되자 대화 자체가 없어졌다. 누나들이 있었지만 그를 돌보고 학교를 가도록 살뜰하게 챙겨주진 않았다. 학교 선생님들도 학교를 안 왔다고 매를 들었다. 타이르고 대화를 나누고 교훈적인 이야기를 해주었던 의미 있는 타인은 현석의 기억에 없었다. 이런 관계는 오직 지역아동센터에서만 가능했다. 어릴 때부터 다니며 선생님과 친구들과 끈끈한 관계가 잘 형성되어 있었기 때문이다. 현석은 초등학교 때부터 중학교 때까지 센터에서 방과 후 시간을 보냈다.

그땐 중학교 때라서 아무 생각이 없었어요. 그냥 센터에 갔어요. 거의 맨날. 센터에서 했던 재밌는 일은 많아서…. 바다에 갔던 게 기억나요. 캠프에서 진짜 재밌었어요.

초등학교 때부터 다녔으니까 도움을 많이 주셨죠. 공부하라고 해서 스트레스는 많이 받았는데 다 좋은 거죠. 같이 놀러도 가고 배울 것도 배우며 정이 들었으니까. 같이 자기도 하고….

센터를 안 다녔으면 그냥 평범한 학생? 학교 끝나고 집에 가서 별로 놀지도 못했겠죠. (…) 그 후 고등학교 올라오고부터 중학교 때 친구들은 거의 안 만났어요.

현석은 고등학교를 자퇴한 이후에도 종종 센터를 찾아왔고, 특히 비행을 반복하면서 교정시설에 들어갈 때마다 직전에 센터를 찾아왔다. 현석이 센터를 찾아왔을 때 센터 아이들을 꾀어서 담배를 피거나 따로 만나자고 하는 바람에 선생님들에게 혼나고 쫓겨났던 적도 있다. 그사이 센터도 변해서 처음 센터를 설립했던 센터장은 이미 그만둔 지 오래였기 때문에 전처럼 현석을 살갑게 맞아줄 사람은 없었다. 그런데도 현석은 센터를 종종 찾아왔다. 아무에게도 교정시설에 들어간다는 말을 안 했고, 센터 내의 누구도 잘 다녀오라는 의미로 그를 반겨주진 않았지만, 센터 방문은 마치 교정시설에 들어가기 전 인사처럼 행해졌다.

　　어쩌면 현석에게 센터는 돌봄을 받고 아이들과 자유롭게 섞여서 놀 수 있었던 유일한 공간이었을지 모른다. 현석은 중학교 때까지 학교는 결석해도 센터는 매일 다녔다. 그만큼 센터는 그에게 돌봄의 공백을 메워주는 곳이었다.

센터는 도움이 됐다기보다 그냥 재밌기만 했어요. 그때 친구들도 다 센터 친구들이라 밖에서 만난 적도 있고. (…) 옛날에는 그냥 뭣도 모르고 자전거 타고, 권투 스파링도 하고요. 선생님은 잔소리를 많이 했죠. 진짜…. 옛날에 많이 했죠.

센터장이 생각하는 지역아동센터의 의미는 아이들에게 돌봄 이상의 것이었다. 단순히 아이들이 방과 후 시간을 보내는 공간을 넘어서 심리적 안정을 찾고 자신의 모습을 갖춰가는 공간이라는 것이다. 센터장은 이렇게 말했다.

센터를 한참 다니면 애들이 많이 편안해지고 밝아지고 수다도 늘어요. 처음에는 긴장하고 탐색하고 눈치 보고 여기저기 살피고 반응이 늦어요. 그러다 적응하면 잘 웃고 떠들고 "싫어요", "안 해요" 소리가 많이 나오죠. 자기주장을 솔직하게 표현하고요. 그래서 저는 "싫어요", "안 해요"를 긍정적인 시각으로 봐요. 자기 의사를 정확하게 표현한다는 것은 이 안에서 내가 이 단체의 일원이고 이 사회의 구성원이라고 확실하게 정체감을 갖는 것이거든요.

반복된 비행, 가출, 교정시설

현석이 법과 제도의 테두리를 벗어나게 된 것은 탈학교 과정과 관련이 깊다. 일단 특성화고에 진학하고 난 후에 많은 변화가 생겼다. 그중 가장 큰 변화는 함께 어울리는 집단이 달라진 것이다.

고등학교 들어가서는 중학교 때 친구들은 거의 안 만났어요. 그냥 연락이 안 됐어요. A고 애들은 싹 다 양아치였어요. 학교 자체가 그랬죠. (…) 제가 중3 담임선생님한테 A고 간다고 했어요. 처음에는 B정보고를 가려고 했는데, 내신이 안 돼서 A고를 선택했죠. 인문계는 야자도 하니까 그게 싫었어요. 담임선생님도 내신에 맞춰 A고 가라고 했어요.

사람들이 다 그렇게 말했어요. 중학교 때까지는 제가 그렇게 나쁜 일을 한 적이 없고 착했다고. 고등학교에서 친구를 잘못 만났다고 했어요. 사실 중학교 때는 키가 작았는데 고등학교 때 키가 커지니까 노는 친구들이 달라졌어요.

이런 그의 주위 환경의 변화는 잦은 가출과 결석으로 이어졌다. 일단 현석은 집에 붙어 있기가 싫었다.

집이 답답하고요. 그냥 집에 있는 게 답답했어요. 맨날 누나랑 싸우고 나가고 싶어했어요. (…) 거의 제가 사고 친 것 때문에 싸우고요. 돈 갖고도 싸우고요. 누나가 돈을 빌려줬는데 제가 안 갚았거든요. 집안 살림에 대해서 저한테 말한 적은 없어요. 저는 집에서 밥을 잘 안 먹고요. (…) 그냥 제가 집을 자주 안 들어갔어요.

고등학교 자퇴도 그런 생활의 연장선에서 이뤄졌다.

누군가가 자퇴를 말리거나 상담을 한 적도 없었고, 현석도 가출해서 친구들과 몰려다니는 생활에 익숙해져서 자퇴 과정 자체를 아예 신경 쓰지 않았다.

그냥 학교를 안 나가니 자퇴가 됐어요. 같이 노는 애들 중에서 학교 안 나가는 애가 좀 있어서…. 저는 고등학교 2학년 때 자퇴했고요. 개네들은 거의 1학년 때 자퇴했어요. 자퇴 과정은 잘 모르겠어요. 아예 가지를 않아서…. 자퇴서도 누나가 썼어요.

자퇴 후 현석은 누구의 제재나 간섭도 없이, 밤을 새워가며 놀면서 친구들과 같이 몰려다니고, 아르바이트를 해서 맛있는 것을 사 먹는 것이 유일한 낙이었다.

계속 놀아요. 당구장, PC방 이런 데서요. 친구 집에 아침에 들어가서 잠깐 자다가 또 나와서 놀고요. 돈은 친구 한 명이 다 내줘요. 개가 알바한 월급을 받아서 생각 없이 돈을 써요. 아끼는 게 없고 그냥 쓸 때는 팍 쓰는데 그 친구가 싸가지는 좀 없어요.

그러다 소년감호소와 교도소까지 다녀오는 사건들에 연루되었다.

그러니까 고등학교 1학년 때요. 친구를 사귀게 됐어요. 그 친구가 놀다가 선배를 한 명 불렀어요. 선배가 너무 착한 거예요. 선배가 저한테 말을 놔서 바로 같이 지내다가 가출하게 됐어요. 그냥 어떤 애가 혼자 가출하면 불쌍해서 다른 애들이 따라 나와요. 그러다가 배고프고 춥고 돈 없고…. 선배가 먼저 절도를 시작했는데 한 번 하니까 중독이 된 거예요. 계속하다가 걸린 거죠.

선배가 편의점을 가서 털재요. 총 네 명이 있었어요. 선배랑 또 한 명은 밖에서 앞문하고 뒷문에서 망을 보고요. 저랑 또 한 명이 있어요. 저는 과자 사는 척하고, 또 한 명은 강도짓을 하는 거예요. (…) 그 애가 멍청하게, 뛰어가다가 넘어졌어요. 그래서 훔치지도 못하고 도망가다가 짭새한테 걸린 거죠.

그 외에도 오토바이 절도, 협박성 금품 갈취, 교통사고 후 뺑소니 등 현석은 수없이 많은 비행을 저질렀고, 판사에게 이미 죄질이 안 좋은 아이로 찍혀 있었다.

이번엔 소년원 아니고 교도소 가요. (…) 제가 사고 친 게 많아서 판사가 안 좋게 보고…. 작년 게 특수 절도. 오토바이랑 다른 차량도 포함된 특수 절도로 간 거예요. (…) 그러니까 오토바이 훔친 게 많아요.

스무 살 무렵의 현석은 나와 인터뷰하던 기간 앞뒤로 이렇게 교정기관을 들락거렸다. 지속적인 방임 속에서 제재도 없이 제도 밖으로 나온 청소년들은 이런 일에 너무도 쉽게 연루된다. 가출한 청소년들이 그룹 팸을 형성하여 함께 생활하고, 몰려다니면서 범죄행위를 서로 배우고 가담하게 되는 과정을 현석은 고스란히 밟았다. 현석은 자의든 타의든 분명 그 안에 있었다. 그는 스무 살까지 그렇게 교정기관을 들락거리며 살았다.

이후의 삶

몇 년의 공백을 거쳐서 현석이 성인이 된 후, 나는 그를 두세 번 더 만났다. 스무 살에 출소하고 나서 4년이 더 지났을 때 현석은 청소년기 때와 다르게 매우 안정되어 보였다. 청소년기에 느꼈던 뭔가 좀 어리숙하고 자신감 없어 보이는 분위기가 전혀 없었다. 오히려 평균적인 20대들보다 훨씬 더 겸손하고 예의 바르고 신중했다. 비행과 범죄행동을 계속 증폭시켰던 과거 친구들과의 관계도 다 끊긴 상태였다. 그로부터 다시 4년이 지나 20대 후반이 된 현석은 이제 더 이상 과거의 모습은 조금도 찾아볼 수 없는 성실하고 건실한 청년이 되어 있었다.

옛날 사람들은 거의 안 만나요. 지금은 다 새로 만난 사람들이에요. 쉽게 말해서, 제일 친한 친구 덕분에 새로운 사람들을 알게 됐죠. (…) 어쩌다가 다른 새 친구들하고 놀다 보니 옛날 친구들은 연락이 끊겼죠. 가끔 페이스북으로 댓글 달고 그런 것만 해요.

옛날에 몰려다녔던 애들한테 연락이 오면 연락은 안 받아요. 길 가다가 마주치면 그냥 인사나 하는 정도. 스스로 거리 두기를 한 거죠. (…) 제 주변 사람들도 제가 사고 쳤다는 것을 알죠. 제가 직접 한 건 아니지만 어쨌든 걔들이 사람을 해친 거잖아요. 그건 너무 심하니까 거리 두기를 한 거고요. 걔네가 한 번 그런 범죄를 저지르는 게 어렵지, 두 번은 쉽다는 얘기도 많이 들었고요. 저도 이제 나이가 차다 보니까 멀리하게 되는 것 같아요. (…) 친구들이 가끔씩 "요새 걔네 만나냐?" 물으면 "아니, 안 만나" 해요. 그러면 "야! 만나지 마라" 그런 얘기는 듣죠.

스무 살 때 마지막으로 교정시설을 나오고 나서 가족과의 관계도 끊어졌다. 더 이상 가족이 받아주지 않았고 현석도 관계를 이어갈 염치가 없었다. 현석은 그때 이후로 독립해서 원룸에서 따로 살고 있다.

아버지는 못 뵀어요. 얼굴도 못 봤죠. 아버지가 거부하세요.

말 그대로 질풍노도, 현석

제가 사고 치고 나서 저 때문에 고생 많이 하셨어요.

아버지는 고향에 내려가셨고 연락은 안 해요. 가끔씩 올라오신다고 들었어요. (…) 누나는 여기 같은 동네에 사니까 얼굴은 마주치지만 사이가 안 좋으니까 안 만나요. (…) 이번 명절 때도 안 갔어요. 저희 아빠가 누나네 집하고 시골 고향 집을 왔다 갔다 하는 것 같더라고요. 아빠랑은 관계가 좋아지고 싶죠. 누나랑은 어떻게 해서든 절대 안 풀릴 거예요. 누나가 절 진짜 싫어하거든요. 저도 누나를 싫어하고요. 누나가 먼저 저를 싫어하다 보니까 저도 자연스럽게 싫어하게 되더라고요. 어렸을 때부터 그랬으니까.

나이가 들어서 성숙해진 것인지, 계기가 있어서 성찰을 한 것인지 모르겠지만, 현석에게는 변화하고자 하는 강한 의지가 나타났다. 청소년기처럼 분위기에 휩쓸려 대충 별 생각 없이 재미만 좇아서 살아가는 모습이 더 이상 아니었다.

그때 이후로는 나쁜 짓을 아예 안 해요. 나이가 들수록 나잇값을 한다고 하잖아요. 사고 치면 이미지가 나빠지잖아요. 전 이미 이미지가 나빠져 있는데 변하고 싶었어요. 함부로 여자친구도 못 사귀었어요. 주변에서 소문을 다 들으니까 쪽팔리기도 하고 창피하기도 하고…. 혼자 힘으로 고치자 해서 고친 거죠. 그게 당연한 거죠.

가끔씩, 진짜 가끔씩, 내가 전에 진짜 왜 그랬을까 하는 생각이 많이 들어요. (⋯) 과거의 저에게 그냥 단순하게, 사고 치지 말고 가출하지 말고 학교 열심히 다니라고, 꼭 고등학교는 졸업해야 한다고 말하고 싶어요.

일단 과거에서 한 가지는 지우고 싶어요. 사고 쳤던 부분은 다. 다 지우고 싶어요. 과거가 너무 안 좋으니까. 한마디로 옛날에는 양아치 소리도 많이 듣고 그랬어요. 저도 나이가 있으니까 그렇게 살면 안 되겠다는 생각이 드는 거죠.

현석의 성숙한 모습에서 가장 두드러지는 것은 두 가지가 있었다. 하나는 일을 꾸준히 하고 있다는 것, 다른 하나는 사람들과 좋은 관계를 유지하고 있다는 것이었다.

자신을 구성하는 두 가지

현석은 열심히 일해서 돈을 꾸준히 벌고 있다고 자랑했다. 빚도 갚고 있고, 저금도 하고 있다고 했다. 처음 교정시설에 나왔을 때는 학력도 경력도 없이 할 수 있고 적지 않은 현금을 바로 만질 수 있는 배달 일을 시작했다. 스물네 살에는 자동차 관련 일을 하고 있었다. 배달 일보다 보수는 적었지만, 장기적인 계획을 세울 수 있고 자신이 나중에 점주도 할 수 있다는 포부를 밝혔다. 하지만 일이 만만치 않았고 육체적으로 고되었다. 중간에 카드 상담원도 해봤는데, 역시 벌이가 시원치 않았다. 결국 현재는 20대 초반에 했던 배달 대행을 다시 하고 있다. 팬데믹 상황과 겹치면서 배달 대행은 특수를 맞아 일이 많았다. 하루에 70건 정도 배달하는데, 배달료 기본 4,000원에서 콜비 200원만 빼면 나머지는 모두 배달기사가 가져갈 수 있어서 수익이 좋았다.

저희는 요새 음식을 두고 가고 비대면이 많아요. 카드 결제하는 것 외에는 옛날 배달 일과 큰 차이는 없어요. 11시부터 1시까지 바빴다가 2, 3시쯤엔 한가했다가 5시부터 또 콜이 뜨죠. (…) 대행을 그만두고 다른 데 갔다가 다시 오는 사람이 많아요. 아무리 이 직업이 인정을 받지 못해도, 위험하고 추워도 돈이 되니까요. 고용보험이 매달 만 원씩 나가요. 오토바이도 리스(대여)라서 리스비만 내면 따로 빠져나갈 게 없죠. (…) 잘 버는 사람은 한 달에 천만 원씩 벌어요. 하루에 백 개씩 하면요. 힘들어도 돈이 되니까 못 벗어나는 거죠.

몇 년 전에는 교통사고가 나서 크게 다치기도 했다. 그 여파로 현석은 지금도 비 오기 전날엔 몸살처럼 온몸이 아프다. 하지만 일을 놓을 수가 없었고 계속 열심히 해 왔다. 현석의 성실성이 빛을 발해서 얼마 전까지는 배달 기사들을 총괄하는 관리자도 했다. 사장님이 신뢰해서 맡긴 일이었는데, 스트레스가 많았다.

다 관리하는 거예요. 관리하는 기사가 열다섯 명 정도 돼요. 무슨 일이 생겼다고 전화가 오면, 콜 빼고 수정해줘요. (…) 스트레스를 너무 많이 받아서 지금은 그만두고 직접 기사 일만 해요. (…) 관리직 할 때는 콜이 떠 있으면 기사가 없으니까 제가 대신해서 가야 되잖아요. (…) 어차피 관리자라는 것 자체가 책임감 있고, 배달 잘 빼고(기사들이 배달 잘 하게 조정해주고), 빠르고 이러면 되는 건데 힘들었어요. (…) 1년 했는데 위경련이 와서 그만뒀어요.

현석에게는 어떤 일이든 열심히 해서 자기 힘으로 돈을 벌고 미래를 계획하며 살아간다는 것이 중요해 보였다.

지금 나이가 결혼할 나이이긴 한데 여자친구가 생겨도 결혼 생각은 딱히 없어요. (…) 제 꿈은 좀 소소한 건데, 빚 청산하고 돈 모아서 땅을 산 다음에 집을 짓고 싶어요. 시골 같은 데에 마당 있는 단독주택 같은 것. 전 그런 데를 좋아해요. (…) 계속 일만 하면서 살았죠. 하지만 절대 일은 안 놓을 거예요.

말 그대로 질풍노도, 현석

현석은 친구들이나 여자친구 얘기를 많이 했다. 그들 사이에서 듣는 얘기와 평판이 중요해 보였다. 비록 청소년기에는 친구 관계에 휘말려 사고도 치고 다녔지만, 좋지 않은 옛날 관계를 끊어낼 수 있었던 것이나 지금 열심히 살려고 하는 것 모두 좋은 관계를 유지하고 싶다는 의지에서 나왔다. 그만큼 현석에게는 사람들 사이에서 함께 잘 지내는 것이 중요해 보였다. 그 단적인 예로 친구들과 돈 거래를 하지 않았다.

돈 같은 건 절대 안 빌리거든요. (…) 만약 빌렸는데 돈을 못 주면 돈 때문에 사이가 틀어지는 게 너무 싫어요. 이런 말 있잖아요. 친한 친구끼리는 돈 거래 하지 말라고. 안 해요, 저는.

현석은 여자친구도 잘 사귀었다. 스물네 살에 인터뷰할 때 만나고 있었던 여자친구는 현석의 삶에 큰 영향을 주었고, 그 후 만나고 헤어졌던 몇 명의 여자친구들도 현석에게 소중한 존재였다.

소개를 많이 받아요. 자연스런 만남이 더 좋은데 그게 잘 안 되더라고요. 지금까지 여자친구는 다 소개로 만났어요. (…) 진짜 친구 있거든요. 걔가 "야, 너는 뭐가 잘났다고 여자친구를 잘 만나냐?" 그래요. 아, 저는 모르겠어요. 매력 있는 것도 모르겠고요. (…) 저는 말수도 없고 낯을 가리니까. 소개받아도 얼굴에 맨날 마스크 끼고 있는데도, 잘 만나게 되더라고요.

그렇게 어렵게 여겼던 검정고시도 친구들의 몇 마디 말에 결심을 하고 공부해서 통과했다. 현석은 별일이 아니라고 말했지만, 내가 보기에는 큰 자극과 동기가 된 듯했다.

검정고시 시험을 보겠다는 결심을 한 건요. 누굴 만나든 학교 얘기를 할 것 아니에요. 여자친구를 만나도 "오빠는 어디 학교 나왔어?" 하고 가끔씩 그런 걸 물어보잖아요. 그러면 할 말이 없더라고요. "나 고등학교 자퇴했어." "검정고시 안 봤어?" "어. 안 봤어." "오빠 중졸이야?" "어." 그런 게 너무 좀….
(…) 자연스럽게 나는 다른 사람들은 기본적으로 다 얘기하는 경험을 못 했기 때문에 제가 그 기준에 맞춘다고 생각하는 거죠. 당연한 걸 제가 못 했으니까.

사람이 살아가는 데 가장 기본이 되고 자신을 돌아볼 수 있고 지킬 수 있는 지렛대는 인간관계이다. 사람들의 기대에 호응하고 거기에 맞춰서 살고자 하는 마음. 그것이 사회의 기본을 지켜주고 함께 살아가는 사회를 만든다. 더욱이 여자친구처럼 정서적으로 깊이 교감할 수 있는 존재의 기대치에 맞추고자 하는 욕구는 누구에게든 자연스럽게 생긴다. 그리고 그 욕구가 자신을 좀 더 나은 존재로 나아가게 한다. 현석은 가난하고 불우한 환경 속에서 청소년기를 보냈지만, 여전히 인간관계에 대한 믿음을 놓지 않았고 그 끈을 잡고 자신을 좋은 방향으로 밀어나가고 있었다.

자신을 지키기

현석은 현재를 살아가고 있지만, 과거의 과오를 가볍게 여기거나 없던 일로 치부하지 않았다. 솔직히 그 안을 꼼꼼히 들여다보며 얘기했고 자신의 책임과 역할을 계속 발견하고 있었다. 용기를 갖고 과거를 돌아보고 현재의 자신을 지켜가고 있는 모습이 나에게는 매우 경이롭게 느껴졌다.

그냥 다시 돌아간다면 저는 제일 좋았던 중학교 때로 돌아가고 싶어요. (…) 지금 아무리 제대로 살아도 과거가 없어지진 않으니까 옛날로 돌아가서 사고 쳤던 그때를 다시 살고 싶어요. 사람들이 제 얘기를 알게 된다면 분명히 저랑 똑같이 생각하는 사람이 많을 거예요. 과거는 절대로 잊히지 않는다.

왜 남에게 피해를 줬냐. 지금 잘 산다고 남에게 피해를 준 게 없어지냐. 그렇게 비난조로 말하는 사람이 분명히 있을 거예요. 또 안 그런 사람도 있겠지만. 걱정되기보다는 부끄러운 거죠.

여자친구들에 대해서도 자신의 과오를 알고 났을 때의 반응이 언제나 두려움으로 남았다.

몇 명은 알았고, 몇 명은 또 몰랐어요. 실망한 사람들도 많았어요. 오래 만났던 애도 실망하더라고요. 그 4년 전 인터뷰할 때 사귀었던 여자애는 제가 사고 쳤던 걸 다 알고 만나줬죠. 그런 애한테 더 신뢰가 가죠.

—

2022년 가을, 내가 참여관찰을 했던 A지역아동센터 졸업생 모임이 있었다. 현석도 이곳을 다녔던 졸업생 중 한 명이고 A지역아동센터는 그의 인생에서 가장 좋은 추억을 준 공간이었다. 그날 모임에 못 올지도 모른다고 했던 현석이 자연스럽고 당당하게 나타나자 모두 매우 반가워했다. 졸업생들과 선생님은 현석에게 "자주 보자", "예전처럼 만나자"라고 말하며 안아주었다. 한 졸업생은 그

날의 현석에 대해 이렇게 말했다.

뭔가 이 안에는 묘한 공감대가 있어서 현석도 편했을 거예요. 말하지 않아도 서로 알고 있는 무엇인가가 있어요.

현석은 분명 이런 관계들 안에서 자신의 사회적 위치를 확인함으로써 스스로를 지키고 있었다. 한편으로는 '나이'가 들었기 때문이라고 자주 얘기했다.

제가 바르게 살려고 하는 이유는 이런 거예요. 우선 첫 번째는 아빠한테 미안해서죠. 예전에 아빠가 저 때문에 너무 고생했어요. 미안한데도 저도 모르게 또 사고 치게 됐고요. 두 번째는 걱정해주는 주변 사람들이 있는 것. 세 번째는 나이가 든 것도 있고요. 네 번째는 나쁜 일을 하면 안 되겠다는 생각 때문이죠. 나이를 하나하나 먹다 보니 생각이 자동으로 바뀌던데요? (…) 다 핑계이긴 하지만 어렸을 때는 '진짜 뭐야…?' 이러면서 '내일이 어딨어?' 하고 저질렀는데, 한 살 한 살 나이를 먹으니까 생각도 많아졌어요. 법에 관련된 건 절대, 사고 치면 안 되겠다는 생각을 많이 하죠. 진짜 열심히 살거예요.

현석이 얘기한 '나이'는 사회적 무게감과 책임감의

다른 표현이다. 우리는 나이가 들어도 이런 사회적 책임을 느끼지 않는 사람들을 종종 발견한다. 그들에 비해 현석은 배움이 짧을지 모르지만, 혹은 그들에게 없을 수 있는 별도 달았지만 공동체 안에서 자신이 가져야 할 의무와 권리를 분명히 느끼고 있었다. 사람에게 자라온 환경은 중요하다. 하지만 스스로 자신을 채워나가고 자신을 지켜가는 것에는 본인의 의지와 바람이 많이 작용한다. 현석은 지금도 그 노력을 하고 있는 중이다.

범죄를 저지르는 청소년은
누구인가?

현석을 교정시설에서 처음 본 후에, 나는 그가 좀 더 나은 시설로 옮길 수 있는지 알아보기 위해 지역아동센터 선생님들과 함께 천주교에서 운영하는 시설을 방문한 적이 있다. 시설장은 신부님이었는데 이런 말씀을 하셨다. "가난하고 가정이 불우한 애들만 여기 오는 것 같죠? 그렇지 않아요. 기업 사장, 박사, 사회 고위직 가정의 아이들도 많이 옵니다. 그 애들도 살인, 방화, 절도 다 저질러요."

청소년 범죄는 빈곤과 연관되어 있다고 생각하기 쉽지만 오히려 우리 사회의 어두운 모습과 깊이 연관되어 있다.

◆   관련된 논문들을 크게 세 가지로 분류하자면 다음과 같다.
- 청소년 범죄가 발생하는 외적 환경 요인이나 영향: 이경상 외, 「범죄유발적 지식구조와 청소년비행에 관한 연구」, 『한국청소년정책연구원 연구보고서 12-R14-1』, 2012; 이용주, 「청소년범죄 유형과 원인 및 예방대책」, 『교정상담학연구』4(2),

빈곤과 청소년 범죄

청소년 범죄에 대해 연구한 논문들[*]을 보면 대충 이런 그림을 그릴 수 있다. '결핍된 가정환경에서 돌봄과 관여가 부족했고, 부모나 사회적 통제가 미치지 않는 여가 시간이 많기 때문에 빈집에서 또래끼리 모여 어른들의 간섭 없이 지냈고, 자기 감정을 통제하지 못하고 자유롭게 행동하면서 몰려다니다가 범죄에 가담하게 됐으며, 범죄를 저질러도 처벌이 가볍고 비행을 함께 저지른 친구 관계가 지속되면서 재범, 삼범까지 쉽게 이뤄진다.' 가난한 가정의 부모가 먹고사는 데 바쁘고 자녀들을 돌볼 여력이 없기 때문에 아이들을 제대로 간수하지 못했다는 것이 이 그림의 밑바탕에 깔려 있다. 표면적으로 보면 다 맞는 이야기이다.

　　하지만 빠진 조각이 있다. 가난한 부모가 자녀들을 봐줄 여력

　　2019; 이현철 외, 「한국 청소년의 지위비행·범죄행위에 대한 종단분석」, 『청소년상담연구』24(2), 2016; 주영선·정익중, 「지역사회 빈곤, 범죄, 유해환경 수준이 청소년 비행에 영향을 미치는가?」, 『한국청소년연구』30(4), 2019.
- 범죄를 저지른 청소년의 심리·정서적 상태: 이동엽·김재철, 「청소년 비행의 변화궤적에 대한 잠재계층분류 및 예측요인 탐색」, 『교육연구』25, 2017; 최수형 외, 「청소년 강력범죄의 실태 및 특성에 관한 연구」, 『형사정책연구원 연구총서 13-AA-06』, 2014.
- 범죄행위 이후의 재범률, 범죄 궤적, 사회적응 과정: 옥필훈, 「소년범죄의 실태와 교정복지 실천방안에 관한 연구」, 『한국사회복지학회 학술대회 자료집』, 2021; 이현철 외, 「한국 청소년의 지위비행·범죄행위에 대한 종단분석」, 『청소년상담연구』 24(2), 2016; 조윤오, 「학교폭력 피해경험이 범죄행동에 미치는 영향: 가출청소년을 대상으로」, 『피해자학연구』20(1), 2012.

이 없을 때 아이들을 도와줄 만한 사회시설은 있었는지, 아이들에 대해 부모만 통제를 해야 하는지, 학교 당국은 아이들이 범죄에 빠질 때까지 무슨 역할을 했는지, 아이들이 범죄에 쉽게 접근할 만한 사회환경은 아니었는지, 초범을 저지른 후에 교정 당국은 아이들의 교정과 사회 복귀를 위해 충분한 역할을 했는지 묻고 싶다. 또한 앞의 신부님 말씀처럼 청소년 범죄는 빈곤만 원인이 되어서 발생하는 것이 아니다. 오히려 빈곤에 대한 복지 제도의 실패, 학력 위주의 교육 제도, 실종된 청소년 정책, 붕괴한 지역사회 공동체, 부실한 교정 정책 등이 그 밑바탕에 깔려 있다. 더 넓은 테두리에서 보자면, 청소년이 쉽게 접근하고 착취당할 수 있는 유해환경의 방치, 법의 테두리 안팎에서 암약하는 성매매·도박·마약 산업 등이 있다. 다시 말해서, 우리 사회가 안고 있는 고질적인 문제들이 청소년 범죄의 자양분 역할을 하고 있는 셈이다.

20여 년 전, 경기도 외곽의 소도시에서 초임 교사로 일할 때 있었던 일이다. 중학교 3학년 담임을 맡고 있었는데 한 아이가 비행과 범죄를 많이 저질러서 검찰에 출두 통보를 받았다. 그 와중에도 아이는 학교를 결석하고 가출을 했다. 같이 노는 아이들 중에서도 유독 그 아이만 검찰 출두 통보를 받을 정도의 범법을 저질러서, 친구들에게 걔를 좀 '단도리'하라고 했다. 그랬더니 친구들 말이, 애가 어리숙해서 너무 뜬금없는 행동을 하고, 요령을 피우면 안 잡힐 수 있는데 꼭 엉뚱한 사고를 친다는 것이었다. 예를 들면, 같이 놀다가 새벽이 돼서 헤어지려고 하는데 갑자기 남은 술을 다 먹겠다면서 병째로 들이부어 마시더니 혼자 취해서 소리를 지르고 난동을 피웠고, 결국 경찰차가 출동하게 만들었다는 것이다. 그 아이는 소위 빈곤가정에서 자랐다. 어릴 때부터 아버지는 다른 지방에 가 있어서 얼굴 보기가 어려웠고, 어머니는 집을 나가 할머니가 혼자 키우고 있었다. 나를 비롯한 학교 측은 수도 없이 가정 방문을 하고, 가출한 아이를 잡으러 다니고, 친구들과 함께 불러서 혼내고 타이르면서 가까스로 졸업을 시켰다.

그해 늦가을 어느 날엔가 아이는 수업이 끝났는데도 가지 않고 교실을 배회하더니 아무도 없는 틈을 타서 교탁 안에 신문으로 싼 도시락통을 놓고 갔다. 나중에 열어 보니 직접 따서 말린 은행이 가득 담겨 있었다. 아마도 할머니가 뭐라도 고마움을 표현하고 싶어서 아이에게 시킨 것이리라. 그리고 이제 청년이 된 그는 지금 동대문에서 옷 장사를 하면서 잘 산다.

나는 그 무렵 개봉한 영화 <오아시스>의 주인공 홍종두를 보면서 그 아이를 떠올렸다. 관심과 돌봄이 부족한 환경에서 성장한 홍종두는 사회적으로 세련되지 못해서 계속 이용당하고 범죄에 휘말리는 인물이다. 우리는 가정과 사회로부터 너무 받은 것이 없고 자기 통제를 훈련받지도 못한 청소년들이 이리저리 휩쓸려다니다가 사회 부적응자가 되도록 방치하고 있는 것은 아닐까? 청소년기에 그들이 사회에 잘 적응할 수 있도록 가난한 가정을 대신해서 돌봐주려는 우리의 노력이 필요하지 않을까?

청소년 범죄를 바라보는 시각

우리 사회는 가난한 가정에서 자라는 청소년들의 방황은 방치하면서, 비행을 저지른 아이들에 대한 교정 시스템은 매우 부실한 편이다. 단적인 예로 '청소년 보호관찰'을 들 수 있다. 비행이나 범죄를 저지른 청소년을 교화하는 대표적인 제도가 청소년 보호관찰인데, 처벌보다는 선도를 목적으로 소년범을 교정시설에 구금하는 대신 정상적인 사회생활을 하면서 보호관찰관의 지도·감독 및 원호를 받게 하는 제도이다. 특히 가정이 불우하여 보호자가 제 역할을 하지 못할 때 보호관찰관은 수시로 그런 역할도 맡아야 할 때가 많다. 그런데 2021년 기준으로 1명의 보호관찰관이 관리하는 청소년 수는 118명에 달한다. OECD 주요 국가의 보호관찰관이 1인당 27.3명을 담당하는 것과 큰 차이가 있다.

교정 시스템은 이렇게 부실하면서 청소년 범죄에 대한 사회의 인식은 매우 과장되어 있다. 청소년 범죄에 대한 논의 중 가장 뜨거운 것은 촉법소년 연령 문제를 포함한 소년법 개정이다. 청소년 범죄가 보도되면 처벌 수위를 높이고 촉법소년의 연령을 현재의 만 13세에서 만 12세로 낮추는 방향으로 소년법을 개정하라는 여론이 높아진다. 예를 들어, 「청소년 범죄 잇따라도 소년법 개정 제자리」(『매일신문』, 2021. 6. 27.)라는 기사를 보면 자극적인 청소년 범죄 사례를 나열한 후, 소년법 개정에 대한 요구가 들끓고 있다고 소개하면서 촉법소년 연령 하향 방안도 제시한다. 하지만 이들이 실제로 솜

방망이 처분을 받았는지, 소년법에서 어떤 부분을 개정하라는 것인지 알 수 없고, 기사에 나오는 사례들은 촉법소년과 관련이 없는데도 빗발치는 여론이라며 언급한다. 관련 전문가들◆은 법 개정을 진지하게 논의하기에 객관적인 증거 자료가 부족하고, 청소년 범죄를 처벌만 강화한다고 예방하거나 재발을 막을 수 있는 것은 아니라고 입을 모은다.

청소년 범죄에 대한 과잉된 인식은 바로 언론의 선정적인 기사 때문이라는 내부의 목소리도 있다. 서울신문 기자 세 명이 일 년 동안 100여 명의 소년범들을 만나 심층 취재한 내용을 엮은 『우리가 만난 아이들』은 언론의 선정적인 보도 행태가 10대들의 범죄를 보도하는 것이 언제나 "잘 팔리는 기사"였기 때문이라고 지적한다. 1990년부터 2020년까지 30년 동안 발생한 소년범죄 관련 기사의 제목을 분석해봤더니 2010년 이후 "잔혹", "흉포화", "악마화", "무섭다" 등의 주관적이고 자극적인 단어의 사용 빈도가 높아져 있었다. 또한 사람들은 이런 언론 보도를 통해 청소년 범죄가 실상보다 훨씬 많이 일어나고 흉포해지고 있다고 확신했다고 한다.

학교에서 여는 토론 행사 중에서도 촉법소년 연령 문제는 자주 제기되는 이슈다. 찬반양론이 팽팽하게 나뉘고 사례를 들 수 있는 사건도 많이 보도된다. 하지만 이 주제의 토론을 지켜보면 우리

◆ 「[소통광장-촉법소년]④ 김지선 연구위원·한민경 교수 "연령이 문제 아냐"」, 『뉴스포스트』, 2021. 3. 4.

말 그대로 질풍노도, 현석

가 관련된 아이들에 대해서 얼마나 알고 있는지, 사건의 실체에 정말 다가가고 있는지, 문제 해결을 위한 지난한 노력은 도외시한 채 선정적인 말만 내뱉고 있는 것은 아닌지 의문이 들 때가 있다.

다시, 현석과 만났던 장면으로 돌아와보자. 나는 10여 년 전 현석을 처음 봤을 때 솔직히 지금의 건실한 청년의 모습을 볼 수 있을 것이라 예상하지 못했다. 나도 세상의 흔한 편견에 싸여 있는 평범한 사람에 불과했다. 내가 20년 전 담임을 맡았던 아이가 동대문에서 장사를 한다면서 한번 들러달라고 연락이 왔을 때도 난 솔직히 놀랐다. 그 아이가 여러 사람을 거쳐서 내게 연락을 해서 문자메시지를 전할 정도로 당당한 우리 사회 구성원으로 잘 지내고 있을 것이라 생각하지 못했기 때문이다.

우리 청소년들은 좌충우돌하며 성장하고 변화한다. 모든 성장과 변화가 성공적이고 찬란하진 않기 때문에 한때의 실수를 만회할 기회는 충분히 줘야 한다. 아직 가능성이 풍부하고 변화할 여지가 많은 청소년들에게 포용적이고 너그러운 태도를 갖는 것은 우리 사회가 아이들을 함께 기르고 돌보는 공동체로서 가져야 할 최소한의 미덕이다.

"

돈이 없으면
불안해요

"

미래 사업가,
우빈

내가 가난한 가정에서 성장한 청소년들을 만나 인터뷰를 한참 하던 2018년, 스물네 살의 청년 김용균이 화력발전소 컨베이어벨트에 끼여 사망한 사건이 발생했다. 서울 구의역에서 스크린도어를 정비하던 중 사망한 열아홉 살 김군 사건이 일어난 후 겨우 2년이 지나 있었다. 아무런 제도적 보완책도 마련하지 못한 채 또다시 비정규직 현장에서 청년들의 안타까운 죽음이 일어난 것이었다. 나는 내가 인터뷰하는 아이들이 김용균이나 김군과 크게 다른 처지에 있지 않다고 생각했다. 그래서 이들의 이야기를 직접 듣고 싶었다.

거의 끝나가던 인터뷰 작업에서 추가로 가난한 가정에서 성장하였고 특성화 고등학교에 다니며 현장실습 경험이 있는 청소년을 특정해서 섭외했다. 지금까지의 인터뷰가 가난한 청소년의 성장 경험을 중심으로 이루어졌다

195

면, 이 장은 그의 현장실습과 노동경험에 대해 엿볼 수 있을 것이다.

2018년 1차 인터뷰를 하기 위해 학교에서 우빈을 처음 봤을 때 우빈은 고등학교 3학년이었고, 마르고 왜소하지만 눈빛이 빛나는 청소년이란 인상을 받았다. 우빈은 당시 논란이 되었던 도제학교의 초기 상황을 자세히 얘기했다. 그런데 1차 인터뷰를 마쳤을 때 우빈은 이미 도제학교를 통한 진로 전망을 접은 상태였다. 오히려 그 당시 아르바이트를 하던 식당 일에 관심이 많았다. 나는 특성화고 청소년들의 진로 전망이란 측면에서 아르바이트 일을 더 듣고 싶어서 추가 인터뷰를 제안했다. 우빈은 흔쾌히 수락하고 아예 인터뷰를 그가 일하는 식당에서 하자고 했다. 나는 그곳에서 더 깊은 이야기를 들을 수 있었다.

도제학교에 가다

우빈은 돈을 벌고 싶었다. 학교에서 하는 도제학교에 지원한 것도 돈 때문이었다. 남들보다 빨리 경력을 쌓고 안정된 취직 자리를 얻고자 하는 생각에 산학일체형 도제학교에 지원했다.

도제학교 일을 시작했을 때가 고2? 그때 저희 학교에서 처음으로 시작한 거예요. (…) 핸드폰 케이스, 자동차, 오디오 틀 같은 걸 만드는 금형 공장이었어요. (…) 처음에 저희가 들은 얘기는 기술을 배우며 돈을 벌 수 있다는 거였어요. 일단 친구들과 가자고 했는데 일을 해보니까 아니더라고요. (…) 저는 경력을 쌓고 싶었죠. 다른 애들은 고3 때 현장실습을 나가는데 나는 2학년 때 나가니까 얘네보다 1년이라는 경력이 더 있잖아요. 그걸 노리고 들어간 거였어요.

학교에서 경력도 되고 돈도 벌 수 있다고 홍보한 도제학교는 기대와 달랐다. 일단 기술을 가르쳐주지 않았다. 뭔가 배우려고 갔는데 배움의 과정이 전혀 없었던 것이다. 우빈과 함께 간 학생들에게 돌아온 일은 청소나 심부름 같은 허드렛일이었다.

기술을 배운 적이 없어요. 배우고 싶은 마음이 있으면 와서 물어보라 했는데, 직원들이 자기들 할 일이 많고 바쁘다고 나중에 알려준다고 계속 미뤘어요. 돈도 거의 최저시급을 줬단 말이에요.

기술 배운다기에 그냥, 가면 알려주시겠지, 예상하고 갔는데 막상 가니까 아니더라고요. 계속 청소만 하고, 시키는 거나 해주고…. 약간, 자기들이 귀찮고 힘든 일, 무거운 걸 나르는 일 같은 것만 저희가 다 해요. 기술 같은 건 배운 적이 없어요. (…) 파트 안에서 나가질 못해요. 화장실 갈 때도 무조건 다 물어보고 가야 돼요. 할 게 없어도 계속 있어야 돼요. 나가고 싶다, 답답하다고 느꼈죠.

기술을 배우고 싶어 가르쳐달라고 요청하면 기계를 만지지 말라고 하고, 심할 땐 욕까지 들어야 했다. 안전사고 예방과 현장실습생 보호를 위해 그랬다고 해도 도제학교라는 이름에 걸맞지 않은 형식적인 교육 프로그램이라 느꼈다.

일을 하나 알려줬는데 엄청 쉬웠어요. 그게 쉬우니까 다른 일도 할 수 있겠다고 알려달랬는데, 너는 절대 못 하니까 저거 하고 있어라, 저거 하고 시간 되면 밥 먹고 와라, 이런 식이에요. 기계가 위험한 게 아니에요. 기계를 만지지도 못하게 하고 자기들이 시키는 것만 했는데, 시키는 게 항상 똑같았어요. (…) 저번에 다른 회사에서 애들이 욕을 들었대요. 그 애들이 엄청 스트레스를 받았더라고요. 뭐 하나 조그만 걸 실수하면 엄청나게 별의별 욕을 다 한대요. 들어보지도 못한 욕을 거기서 듣는다고 했어요. 그런 일로 이번 연도에 또 두 명이 그만뒀어요.

실제로 일을 하려고 하면 기계를 만지는 위험한 일인데 이에 대한 방비책도 허술했다. 안전용구나 안전지침도 잘 지켜지고 있지 않았다. 작업환경에 대한 부분은 일반 직원들도 비슷한 상황에 놓여 있기는 마찬가지였다. 다치게 되면 그에 대한 책임 소재도 불명확했다. 우빈은 이 과정에서 혼란과 어려움을 많이 겪었다.

막상 일을 시키면 보호장비 이런 것도 안 줘요. (…) 그 직원들도 보호장구 없이 그냥 자기 안경 쓰고 일해요. (…) 제가 거기서 일하다가 눈에 본드 같은 게 들어갔어요. 눈에 들어가면 굳고 날카로운 게…. 눈을 보호해주는 안경이 있는데 그것도 안 줘놓고서 조심 안 하고 왜 다쳤냐고 역으로 혼내더라고요. 안과 가면 되는데 동네 정형외과 가라고 해서 사람 뺑뺑 돌리고 그랬어요. 제가 안과에서 치료받았는데 산재보험 처리는 절대 안 해줘요. (…) 원래는 다른 걸 시켰어요. 직원들이 기계를 분리하면 저한테 정리하라고 했는데, 몇 번 분리해주고 나서는 그 뒤로 제가 막 분리하고 정리하고 나르고 다 했어요. 망치 쳐서 분리하고 정리하고 따로따로 하는 건데, 분리하다가 눈에 탁 들어간 거예요. 원래 정리만 하는 거였어요. 몇 번 하는 걸 보고 나도 할 수 있겠다 싶어서 하다 보니까 "네가 다 해라" 이거예요.

미래 사업가, 우빈

현장실습생으로서 무시당하기

이런 부실한 현장실습 과정의 밑바탕에는 '무시'하는 분위기가 깔려 있다고 우빈은 느꼈다. 공부를 잘하지 못하고 나이 어린 특성화고 학생들에 대한 무시가 있었다는 것이다. 그것은 가르쳐줄 필요가 없는 애들에게 자신의 에너지는 낭비하지 않겠다는 태도, 같은 회사 직원으로 인정해주지 않으려는 분위기, 인간적인 최소한의 관심도 표명하지 않는 표정 등을 통해 전달되었다. 하지만 대학생이 현장실습을 왔을 때는 확연히 다른 대응을 보였다.

저희가 어리잖아요. 학생 신분이고. 거기서도 약간 무시하는 시선들이 느껴져요. (…) 자기들 일 하느라 바빠요. 출근을 안해도 모르고 아무 말도 없어요. 하루 안 가고 그다음 날 갔더니 왜 안 왔냐고 물어보지도 않고, "왔어!" 이러고 가버렸어요. 그 정도로 무시받아요. (…) 대화는 인사밖에 안 해요. "안녕하세요" 인사하고 맨날 바닥 닦고 쓸고 나서 은근 놀아요. 큰 기계 기름때 같은 것도 닦아요. (…) 막상 고졸자가 가는 데는 어차피 하청업체 아니면 중소기업이잖아요. 이렇게 다녀보니까 사람대우도 안 해주는 것 같아요.

　회사에서 밥을 한 번 사준 적이 있어요. 그때도 서로 어색해서 조용히 밥만 먹고 한마디도 안 했어요. 회사에서 밥 먹을 때 저희 실습생들끼리 딱 세 명이서 먹었거든요. 직원들은 자기 파트끼리 먹고 저희는 따로 먹어요.

한번은 대학생이 실습을 나왔는데 확실히 대우가 다르더라고요. 대학생은 오자마자 뭔가를 배우고 뭔가를 해요. 먼저 들어온 건 우리거든요. 내가 바닥 쓸고 있는데 그 사람은 기계를 만지고 있었어요. 대학 가면 확실히 배우는 게 있잖아요. 그 실습 대학생이 오면 엄청 섬세하게 알려주고, 위층 사무실 직원이 와서 소개하고 설명을 해줘요. 소개할 때도 저한테는 빠르게, 저쪽은 섬세하게….

특성화고 학생에 대해 무시하는 태도는 현장실습생을 관리하고 교육하는 일에 체계가 없다는 점에서도 드러났다. 회사에는 최소한의 교육 프로그램도 마련되어 있지 않은 듯했다. 업무가 바쁘다는 이유로 이들을 교육·관리하는 일은 뒷전으로 밀리는 셈이다.

회사에 현장실습생을 관리하는 사람이 사무직에 한 명 있어요. 과장이라고 하면서 출석 관리를 해요. 저희가 처음 들어갔을 때는 했는데 나중에 안 할 때도 있고요. (…) 교육과정은 자기들이 막 짰다고 하는데 막상 본 적이 없어요. 저희가 처음 갔을 때 산업안전 교육이랑 예의, 예절, 식사 시간 이런 걸 교육받았어요.

미래 사업가, 우빈

저희가 하고 싶은 걸로 파트를 나눴어요. 저는 기계 만지고 싶어서 자동화 기계로 간 건데, 막상 처음 갔을 때 저희한테 그러더라고요. "아직은 계획표가 없다. 일단 시키는 거해라." 그리고 두 달, 세 달 다녔는데, 그 뒤로도 계획표는 보지를 못했어요.

(…) 저희가 일을 하면 우리가 오늘 하루 뭘 했는지 뭘 배웠는지 쓰는 실습일지가 있어요. 그때는 저희한테 알려주는 게 없고 맨날 똑같은 것만 했거든요. 저 같은 경우에는 맨날 청소하고 그런 것밖에 없었는데, 그 위층 사무직 과장님이 오늘은 뭐 배웠냐고 물어보면 솔직히 배우는 것도 없고 알려주는 것도 없으니까 어제랑 똑같다고 얘기했더니 그분이 그래요. "너네가 배우고 싶은 마음이 있으면 직접 가서 사람들한테 알려달라 해라." 그래서 제가 한마디 했어요. "알려달라고 해도 바쁘시다고 다들 피해버리는데 어떻게 하나요?" 그러니까 알아서 배우래요. (…) 사실 사무직은 현장이 어떤지 모르잖아요.

더 큰 문제는 도제학교를 교육 프로그램으로 운영하고 관리를 함께 책임지고 있는 학교도 이 부분에 대해 손놓고 있다는 점이었다.

학교에서는, 회사 가서 뭘 배웠고 그래서 나만의 기술이 생겼다, 이런 식으로 인터넷 사이트에 작성하라고 했어요. 저희가 배우지도 않는 걸 학교에서 준 책자를 보고 그대로 사이트에 올리면 그걸 교육청에서도 확인하는 것 같아요. 제가 배우지도 않고 처음 보는 건데 이걸 왜 써야 하냐고 하니까 그냥 쓰래요. (…) 저희가 일하는 걸 학교에서 사진을 찍어 가요. 각자 서로 공유하고 보는데…. 제가 그때 진짜 억울했던 게 있어요. 선생님이 왔는데 시키는 것도 없고 할 게 없어서 그냥 있었어요. 선생님이 "너, 일 안 하고 뭐 하고 있냐"고 해서 "아니, 시키는 것도 없고 할 일이 없어요" 그러니까 하는 말이, 학교 홈페이지에 올려야 된다고, 도제학교에서 학생들이 뭘 어떻게 하고 있는지 인증해야 한다고 뭐라도 하고 있으래요. 그래서 기계 열어서 일하는 척하니까 그걸 사진 찍어 가더라고요. 담임선생님에게 현실을 얘기했지만 변화가 없었어요. 대응은 아예 없었고요.

식당 아르바이트

우빈은 1년 만에 공장에서 나왔다. 오히려 2학년 때 도제학교와 병행했던 식당 아르바이트가 적성에 맞고 돈도 많이 벌 수 있다는 걸 알게 되었다. 우빈은 식당 일을 누구보다 열심히 했다.

203

회사 다니면서도 제가 아르바이트를 했단 말이에요. 두 가지를 하면서 무엇을 우선으로 할지 깨달았어요. 공장에서 일하면 미래는 괜찮잖아요. 과장 이런 것도 달고요. 그런데 현실을 보니까 공장에서 일하면 도움도 안 되고 돈도 많이 못 벌더라고요. 다녔던 회사는 좋은데 사람들이 별로였어요. (…) 알바(식당 서빙)를 하다 보니까 내가 하고 싶고 재밌고 흥미 있는 일이 생기더라고요. 사람 상대하는 것도 재밌었어요. 옆에서 "넌 하면 잘될 거다", "싹싹하게 사람들한테 잘해주고 말 잘한다" 그래요. 어떨 땐 손님들이 팁도 주고 가요. 회사에서 단체로 오면 직위 높은 어른이 막 불러요. 가보니 자기 아들 같다며 이걸로 뭐라도 사 먹으라면서 지갑에서 돈도 꺼내 줬어요.

식당 일에 재미를 느끼기 시작하자 우빈의 성실성이 발휘되었다. 아파도 쉬지 않았고 힘들다는 소리도 안 했다. 연휴 때나 휴가 때도 빠지지 않고 가게를 지켰다. 성실도와 손님 접대 능력 등을 인정받아 결국 단순 아르바이트생을 넘어서 식당 매니저로 일하게 되었다. 그의 능력을 알아본 사장은 아예 가게 일을 우빈에게 맡기고 다른 사업에 전념하고 있었다.

추석 연휴 때부터 제가 아마 매니저 일을 계속할 거예요. 점장이 계시긴 한데 자주 안 계세요. 물건 주문하고, 알바 시간

조정하고, 일하는 이모님들이 쉬면 그 부분을 제가 했어요. 제가 다 할 줄 알아요. 고기도 썰고, 주방 요리도 하고, 배울 건 다 배웠어요. 엄청 바쁠 때도 제가 혼자 다 해서 몸에 뱄어요. 둘이 해도 힘들 정도였는데, 그걸 혼자 해보니 진짜 미치더라고요. 그런 걸 몇 번 하다 보니까 조금 바빠도 안 힘들어요. (…) 같은 사장님이 하시는 가게 네 군데에서 다 일해봤어요. 홀 '빵꾸' 나면 제가 가서 대충 메꿔주고요. 그래서 가게 알바 하면서 힘들다고 하는 사람들은 진짜 이해가 안 가요. 한 달을 못 버텨요. 어이가 없어요. 진짜 이렇게 꿀알바인데 왜 못 버틸까?

우빈은 자신의 능력을 인정받았다고 했지만, 정확히 말하면, 열심히 일하는 청소년에게 한 사람 임금만 주고 몇 사람 몫의 일을 시킨 것처럼 보인다. 그럼에도 우빈이 이렇게 식당 일에 잘 적응하고 인정받게 된 것은, 눈썰미가 있어서 손님들에게 잘 맞춰주고 그때그때 상황 대응을 잘했기 때문이다. 게다가 그는 자기 주관이나 주장도 뚜렷했다. 즉, 기계적으로 시키는 일만 하는 것이 아니라 상황에 대한 주도력과 자신감이 있었고 자존감이 높았다. 이런 자기주도력은 서비스 업종에서 빛이 났다.

늦게 자주 오시는 단골이 있어요. 학원 강사인데 항상 와요.

205

밤늦게 학원 끝나고 뒤풀이하러 오시는데, 담배 피러 갈 때 안 시켜도 제가 고기 구워놓고 불판 올려놓고 있으면 고맙다고 그러는 거예요. 단골 아니면 안 해주거든요. 계산하면서 나중에 꼭 이 일 하라고, "하면 잘될 거야. 가게 차리면 무조건 연락해. 바로 갈게" 그러더라고요. (…) 사장님도 자기 밑에서 일 배우래요. 난 내 가게 차리면 되니까, 지금 배우면서 빼먹을 건 빼먹고 내가 역으로 또 활용할 건 해야죠.

식당에서 일하면서 무시당하기

우빈은 손님들의 시선 속에서 식당 일이 높은 평가를 받는 직업은 아니라는 것을 느꼈다. 자기가 하고 싶어하는 일에 대한 사회적 인식을 알아차린 것이다.

제가 하는 업종이 뭔가 좀 창피해요. 식당 일이 자랑스러운 일은 아니잖아요. 다른 사람이 보기에는 할 게 없어서 하는 사람이라는 시선이 있어요. (…) 한번은 두 명이 먹었는데 두 명 걸로 나눠서 계산해달라고 했어요. 제가 나눠서 계산해주면 "이거 맞아요?" 여러 번 물어봐요. 제가 계산기 딱 두들기면서 "맞아요!" 하면 "그럼 이렇게 해주세요" 그래요. 진짜 어이가 없어서…. 이 업종은 어쩔 수 없이 그런 것 같아요.

하지만 자신이 경험해본 것이니 지금은 잘할 수 있는 일에 집중하고 싶어했다. 대학을 가라는 권유도 있지만 대학은 나중에 필요하면 갈 수 있는 곳이고 지금은 손에 잡히는 확실한 일을 하고 싶었다. 식당에서 만난 어른들이 그의 롤모델이었다. 경험치가 적고 학교에서 성공 경험이 적은 빈곤층 청소년은 눈에 보이는 것, 구체적인 것을 잡고 싶어한다.

다른 걸 하자니 이것만큼 자신 있는 게 없어요. 이런 일은 인맥이 많이 늘더라고요. 지금 이 나이인데도 벌써 주류회사 사람들, 유통업체, 식자재 이런 계열은 웬만하면 알고 지내니까요. 막상 이걸 떠나 다른 걸 하기에는 인맥도 없고 잘할 자신도 없어요. 대학 가도 잘할 자신이 없고…. (…) 이 업종 사람들 보면 저같이 가난하게 산 사람들인데 다 성공했잖아요. 인생 사신 얘길 다 들어보면 저보다 심하신 분들도 있더라고요. 다 도와준대요. 같이 해보자는 사람도 있어요.

우빈은 경력을 쌓고 싶고 기계를 다뤄보고 싶어서 지원했던 공장에서도, 열심히 하다 보니 재미를 붙이게 된 식당 아르바이트에서도 사회적으로 '무시'하는 시선을 느꼈다. 이것은 어쩌면 특정 직종에 대한 것이라기보다, '공부하는 청소년'이 아닌 '일하는 청소년'에 대해 우리 사회

207

가 어떻게 생각하는지 깨달은 것이리라. 우빈이 무시하는 시선을 느끼면서도 공부하지 않고 일을 선택할 수밖에 없었던 연유는 무엇일까?

혼자 생존해야 했던 유년기

우빈이 자존감이 높고 삶의 주도성을 갖게 된 데에는 타고난 성격도 있지만, 어려웠던 초등학생 시절과 가정환경도 한몫했다. 심하게 왕따를 당하기도 했고 생활 면에서 아무도 자신을 돌봐주지 않았던 시절이 있었다. 혼자서 어두운 집에서 시간을 보내고 배고픔을 이겨내야 했다. 아버지는 어릴 때 떠나서 기억에 없고, 어머니도 다른 곳에 거주하고 있어서 형하고 우빈만 집에 방치되어 있었다. 형밖에 의지할 곳이 없었지만, 형도 자신을 어리고 한심하게 바라볼 뿐 삶의 큰 기둥이 되어주진 못했다.

초등학생 때 애들하고 잘 놀았는데, 제가 한 번 따돌림 당한 적이 있어요. 말 거는 사람이 선생님 말고는 한 명도 없었어요. 애들이 왜 이러나 싶었는데 그러다가 5학년에 올라갔어요. 5학년 학기 초에도 혼자 있었어요. 아무런 이유도 없었는데 저도 왜 그랬는지 진짜 모르겠어요. 4학년 초반에는 친구들이 있었는데, 2학기로 넘어간 뒤로는 아무도 저한테 애기를 안 하는 거예요. 그래서 학교를 가다 말다 했어요.

중학교 2학년 후반부터 3학년까지는 어머니가 집에 안 계셨어요. 밥 먹고 학교 가는 생활은 다 제가 알아서 하고요. 형이 돈을 벌어오면 제가 집안일을 했어요. 학교 끝나고 밤 11시까지는 거의 혼자였어요. 애들은 놀러 가자는데 돈이 없으니까 "집 가야 돼" 그러고 항상 집에 오고, 자다가 빨래 같은 걸 하고, 형이 오늘 일찍 온다고 하면 마중 나가서 같이 들어오고요. 밥은 제가 차렸어요. 제가 요리를 좀 해요. 엄청 귀찮을 때는 고추장에 밥 먹고, 계란 넣고 먹을 때도 있고….

우빈은 아버지에 대해서는 말을 아꼈다. 가족 내에서 존재가 아예 지워진 듯했다. 만난 적도 없고 얼굴도 모르고 지금도 어디 있는지 전혀 모른다고 했다. 우빈은 아버지가 없는 자리, 어머니가 그를 돌봐주지 못했던 공백을, 선생님, 가게 손님, 가게 사장님으로 채우고 살아왔다. 그들로부터 받은 신뢰와 돌봄에 대해, 부모님 애기보다 훨씬 더 많이 털어놨다. 밖에서 만난 사람들, 특히 사회적으로 권위와 지위가 있는 사람들을 믿고 그들로부터 받은 인정을 의미 있게 생각했다. 이런 신뢰 관계는 등교와 아르바이트 등 주어진 과업을 성실하게 수행할 수 있게 한 밑거름이었다.

미래 사업가, 우빈

아버지는 살아 계실걸요. 소식은 전혀 몰라요. 엄마랑 왜 사이가 안 좋아졌는지 알아요. 진짜 나쁜 사람이에요. 엄마가 돈 있으니까 돈 보고 들러붙은 사람이라고. 엄마가 제가 어렸을 때는 원래 자산이 있었어요. (…) 애들은 아빠랑 공 차고 그러니까 어렸을 땐 부럽다고 생각했는데 지금은 아빠가 있더라도 있으나 마나예요.

중3 때 담임선생님이 많이 잡아줬어요. 맨날 아침마다 연락해서 "학교 와야지, 우빈아" 하고, 점심 때 되면 배 안 고프냐고, 학교 점심시간이니까 밥 먹으러 오라고…. 그래서 학교 가고 그랬어요. 어떨 때는 학교 안 가도 선생님이 출석 체크 안 하고 눈감아준 적도 있어요. 그런데 그 샘이 너무 멀리 가버렸어요. 인천인가? (…) 고1 때 마음을 다잡은 건 체육 선생님 덕분이에요. 엄한 분이었는데 저랑 친해졌어요. 제가 중학교 때 학교폭력으로 징계를 받았어요. 그때 그 체육 선생님을 알게 됐는데, 그분이 우리 고등학교로 전근을 오셔서 다시 만난 거예요. 그분이 몇 가지 조언을 해줬는데 무조건 공부하라고 했어요. 그런데 6개월만 계시고 또 가버리셨어요. 그 뒤로 공부를 놔버렸죠. 고1 초반에….

우빈은 자신의 우울한 과거도 어머니나 아버지가 채워주지 못한 돌봄의 공백도 쉽게 인정하고 쉽게 수긍했다. 어두웠던 시절을 냉정하게 돌아볼 마음의 여유도 있고, 그 기억에 흔들리지 않을 자신도 있어 보였다. 우빈은 그만큼 내면이 단단하고 자기 생각이 있는 청소년으로 보였다. '금수저', '흙수저'란 사회적 용어에 대해서도 현실이라고 담담하게 반응했다. 현실에 집중하고 실제적인 것을 좇고 있었기 때문에 부정적인 생각에 매어 있지 않은 것처럼 보였다. 이런 현실적인 성격은 맘에 안 드는 친구 관계를 칼같이 끊어내고 부정적인 무리에 휩쓸리지 않도록 자신을 지켜주었다.

가족한테 원망하는 마음이 들죠. 집안이 초등학교 때처럼 잘 유지됐으면 내가 이런 걱정은 안 하고 사는데…. 원망을 많이 하죠. 진짜…. 그런데 그것도 다 이유가 있어요. 어떻게 생각하면 어쩔 수 없는 거예요.

저도 가출하고 오토바이도 타고 다녔어요. 하지만 형사 사건 같은 덴 진작 빠졌어요. 지금 이 동네 친했던 애들이 다 전과자들이에요. 이 애들이랑 중학교 때 우리 반 친구들하고 같이 놀았는데, 갑자기 얘네들이 학교폭력처럼 반 친구들을 돈 뜯고 때리더라고요. 제가 너무 화나서 동네 애들한테 "같이 놀면서 왜 우리 반 친구들을 괴롭히냐" 그랬어요. 이제는 연락도 아예 안 해요. 그런 것에 배신감 느껴서. 진짜 얘네들은 나쁜 애들이라고 생각했어요.

미래 사업가, 우빈

내면이 단단하고 자존심이 센 성격은 자신을 지켜주는 데는 큰 역할을 했지만, 자신의 약한 모습이나 속 이야기를 터놓게 허락하지는 않았다. 우빈은 도움이 정말 필요할 때 자기 얘기를 할 사람이 없어서 힘들어했다. 우빈은 성장하는 동안 자신을 지켜주고 돌봐줄 누군가, 삶의 모범이 될 만한 모델을 꾸준히 갈구해왔는지 모른다. 하지만 그런 욕구의 결핍을 자기 힘으로 버티며, 스스로 자신을 돌보고 악착같이 살아가느라 애써왔다. 그 결과 겉으로는 단단해 보였지만 진짜 속얘기를 할 사람은 없는 외로움을 느끼고 있었다.

제일 힘든 건 속마음을 털어놓을 사람이 없었던 것…. 친구들이 있어도 힘든 걸 털어놓을 정도는 안 됐어요. 그러다가 학교 상담(위클래스) 쪽으로 가봤는데, 몇 번 얘기하고 말았어요. 학교 상담에서도 대놓고 털어놓진 못하겠더라고요.

장래희망은 돈 좀 만지는 사람

성장기에 겪었던 안전하지 못한 환경과 미래에 대한 불안을 극복하는 방법은 확실한 무엇인가를 쥐고 있는 것이다. 우빈은 돈에 집중했다. 식당 일이 힘들어도 버티는 건,

자신의 능력을 알아봐주고, 뚜렷한 커리어가 없어도 바로 뛰어들어 돈을 만질 수 있기 때문이다. 자연스럽게 우빈의 장래희망도 식당을 열어 돈을 많이 버는 것이다. 돈은 무엇보다 현재의 삶을 버티게 하는 수단이었다. 특히 경제적 능력이 없는 가족들 사이에서 자신의 입지를 넓혀주었다.

돈이 없으면 일단 불안해요. 그러다 보니까 계속 아르바이트를 하는 것 같아요. 힘들어도 하루하루가 돈이다 하고 그냥…. 제가 봐도 제가 돈에 집착하거든요. 돈 때문에 엄마랑도 싸우고…. 엄마가 거의 칠십만 원을 가져가요. 월급 타면 엄마가 저한테 용돈을 딱 십만 원 줘요. 제가 한 달에 거의 이십만 원으로 생활하거든요. (…) 전 솔직히 교통비, 아침밥으로만 돈 쓰고, 점심·저녁은 학교와 가게에서 먹어요. 전에 돈 벌었을 때는 뭣도 모르고 막 썼거든요. 지금도 후회 중인데, 생각하면 너무 아까워요. 공장 다닐 때도 있었고, 전에 계속 알바만 해서 식당에서도 일하고 주차장, 주유소, 별의별 일을 다 해봤어요. 옛날에 현금 많았을 때는 진짜, 애들 밥을 다 사줬는데, 그때 한 달에 십만 원씩만 모았으면 지금 얼마나 많이 모았겠어요.

우빈은 돈 문제에 대해서 어머니와 형에게 불만이 많

다. 경제적 전망에 대해 두 사람은 우빈과 다르게 생각했다. 특히 형은 자신보다 경제적 능력도 없으면서 대학에 다닌다는 이유로 우빈을 무시하기 때문에 더더욱 불만이었다.

엄마한테 이제는 칠십만 원씩 못 주겠어요. 너무 아까워요. 한 달 힘들게 일했는데 내가 쓰는 건 겨우 이십만 원이니까. 엄마한테도 이번이 마지막이고 다음은 없다고 말씀드렸어요. 엄마도 여태까지 미안했다고 하더라고요. 진짜 칠십만 원 줬는데도 하루아침에 다 쓰고 오고 오히려 더 달라고 했으니까.

　　대학은 안 갈 거예요. 대학 다닐 시간도 아끼고, 그 시간에 돈 벌고 성공하면 월급쟁이들보다는 몇 배는 벌잖아요. 대학 가면 가치 있는 일도 있겠지만 저한테 중요한 건 돈이니까…. 형이 날 많이 무시해요. 대학 안 간다고요. 돈 벌어서 형한테 복수할 거예요. (…) 이모가 지금 보니까 대졸자들이 취업도 안 되던데 일찍 돈 벌어도 나쁘지 않다고 하더라고요. 솔직히 형이 졸업하고 뭐 할지 더 불안하대요.

　　우빈은 돈 버는 일 외에는 생각하거나 꿈꾸는 일이 없었다. 여자친구도 없었고 미래 가족을 상상하지도 않았다. 성인이 되었을 때 자신의 모습을 그려보며 '돈 좀 만지는 사람'을 상상했다. '돈 좀 만지는 사람'이 되기 위해 최대한 노력하는 것이 그의 목표였다. 다른 것은 염두에 두지 않았다. 여자친구를 안 만드는 것도, 미래 가족을 상상하지 않는 것도 자신의 팍팍한 삶의 조건 안에서 그런 여유를 부릴 여력이 없다고 생각했기 때문이다. 지금도 놀고 싶지만 꾹 참고 있었다.

전 결혼은 안 할 것 같아요. 여자친구도 안 만들고 애기를 낳을 생각도 없어요. 드는 돈이 얼마인데…. 그 돈을 그냥 내 행복에 투자하는 게 나은 것 같아요. 저는 여태까지 내 가족은 생각 안 해봤어요. 어떻게 보면 여자친구 있는 애들이 행복해 보이긴 해요. 그런데 일주일에 하루밖에 못 쉬는데 어떻게 해요. 겨우 하루 만날 수 있는데, 그럼 내가 피곤해서 어떻게 해요. 서로 상처인 것보다 오히려 미안하니까 혼자인 게 나아요. (…) 12월 겨울에 애들이 스키 타러 가자고 하더라고요. 그것도 돈이 많이 들어가니까 가지 말까 생각 중이에요. 이번 추석에도 저 빼고 애들은 다 놀러 갔다 왔단 말이에요. 그땐 솔직히 부러웠어요. 나도 가서 놀고 싶은데, 나는 일하고 있으니까….

아무도 함부로 건드릴 수 없는 단단한 고치를 만들고 주어진 조건 안에서 최선을 다하지만, 그 너머는 꿈꾸거

215

나 상상해볼 가능성을 스스로에게 허락하지 않는 청소년. 자신의 능력과 존재를 드러내기 위해 쉽게 만져볼 수 있는 돈에 몰두하는 청소년. 이런 집중력이라면 미래에 우빈은 정말 돈을 많이 벌어서 가게를 서너 개 가진 '돈 좀 만지는' 사장님이 될 수 있을 것이다. 하지만 거기까지 가는 길이 가히 행복해 보이지만은 않았다.

일하는 청소년들은
어떤 삶을 꿈꾸고 있나?

우리는 '청소년', '고등학생'이라고 하면 대학 입시를 준비하느라 공부에 바쁜 아이들을 떠올린다. 특성화고에 다니며 고3 때 현장실습을 나가거나, 방과 후에 아르바이트를 하는 학생의 모습은 고등학생의 일반적인 이미지는 아니다. 이 아이들이 사람들의 관심을 끄는 것은 언론에 기사로 나올 때다. 현장실습 중에 산업재해를 당해 목숨을 잃었거나, 아르바이트를 하다 여러 가지 부당한 일을 당했다고 할 때 이 아이들의 존재가 시야에 들어온다. 하지만 우리 사회에 일하는 청소년들은 곳곳에 있다. 성인들은 낮은 임금과 위험하고 고된 직종이어서 피하는 공장에서, 우리가 매일 찾는 편의점, 식당, 주유소 등에서, 그리고 배달 음식을 받을 때 이들을 만난다.◆ 일하는 청

◆　서울시교육청이 2021년 주관한 '서울학생 노동인권 실태조사'에서 중학생

소년들은 대부분 가정형편이 어려워서 용돈을 직접 벌어야 하거나, 진로 준비 대신 노동을 선택해야 하는 처지에 있는 아이들이다. 일하는 청소년 모두가 그렇지는 않겠지만, 이 중 상당수는 가난한 가정의 청소년일 것이다.

　삶의 많은 영역에서, 일하는 빈곤가정 청소년들이 움직이고 있지만 우리 사회는 그 존재를 잘 알아차리지 못한다. 청소년들 중 소수이고 게다가 빈곤가정이라는 점을 교집합해 보면 완벽한 사회적 약자이기 때문이다. 이들이 우리 사회에서 수행하는 노동이 상당량을 차지하지만 약자이기 때문에 이들이 당하는 부당함이나 피해, 착취는 철저히 감춰져 있다.

일하는 청소년에 대한 착취

왜 특성화고 아이들의 현장실습에서는 산업재해 사고가 끊이지 않을까? 졸속으로 시행된 도제학교를 반대하던 전국불안정노동철폐연대 최은실 법률위원장의 인터뷰를 보면 단초를 발견할 수 있다. "도제학교 법안 3조 1항은 인력 양성이 불가피한 사업에서 도제교육을 시행하는 것이 아니라, 단순히 산업 수요를 적극 반영하도록 되

은 2.8%, 고등학생은 11.7%가 아르바이트를 경험했고, 특히 직업계고 학생이 19.9%, 일반고가 3.7%를 차지했다.

어 있다. 일손이 부족한 사업장, 힘들고 임금이 낮은 열악한 사업장에 값싼 노동력으로 학습 근로자를 제공하려는 목적을 스스로 밝힌 것과 다름이 없다."◆

현장실습은 값싼 노동력이 필요한 3D 업종 기업, 도제학교 같은 부실한 정책에 순응하고 취업률을 올려서 지원금을 많이 받으려는 학교, 고졸 취업자 확대라는 업적과 정책적 성과가 필요했던 정부의 요구가 맞아떨어지는 지점에 있다. 여기에서 피해를 보고 심지어 목숨을 잃기까지 하는 것은 특성화고에 다니는 청소년이다. 은유 작가는 『알지 못하는 아이의 죽음』에서 2014년 현장실습생 김동준이 CJ를 다니다가 장시간 노동과 작업장 내 폭력에 시달리다 극단적 선택에 이른 과정을 주변인들의 인터뷰를 통해 상세히 기술하고 있다.

아르바이트를 하는 청소년들은 왜 업주들에게 부당한 대우를 받고 임금을 떼이는 것일까? 역시 나이가 어리고 미성년자이기 때문에 업주들이 함부로 대하는 반면, 이들을 지켜줄 수 있는 제도와 감독은 허술하기 때문이다. 학교에서도 요즘 학생들에게 노동인권 교육을 하라고 지침이 내려온다. 청소년 시간제 노동에서 그만큼 부당행위와 불법이 자행되고 있다는 하나의 방증이다. 계약서 쓰지 않기, 부당한 이유를 들어 임금 깎기, 규정에 어긋난 연장노동 요구, 사

◆ 「열악한 저임금 사업장에 청소년 내모는 '도제학교', 이대로 법제화?」『한겨레신문』, 2019. 7. 18.

미래 사업가, 우빈

전 통보 없는 불시 해고 등은 모두 불법이다. 2021년 서울시교육청이 실시한 실태조사에 따르면 아르바이트를 경험한 서울 학생들 중 44.6%가 노동인권 침해 경험이 있었다.◆ 절대적 약자라고 볼 수 있는 청소년에 대한 부당노동 행위가 여전히 심각하다는 사실을 확인할 수 있다.

이들이 사회적 약자라는 점은 일하는 청소년들에게 던지는 사람들의 시선에서도 증명된다. 우빈은 도제교육으로 공장에 다닐 때, 자신과 달리, 대학 실습생에게는 일을 자세히 가르쳐주고 사무실에서도 내려와 챙겨주었다고 했다. 또한 식당에서 아르바이트를 할 때 뭔가 무시하는 듯한 태도를 경험했다고 했다. 나이가 어리고, 공부보다는 일을 해야만 하는 청소년, 아마도 가난한 청소년일 것이라는 생각이 무시의 근거가 된다.

사람들은 평소 학원에 가는 학생의 모습에 익숙하고, 수능날에 모든 언론에서 시험장을 취재하는 일은 자연스럽게 여겨도 현장 실습과 아르바이트를 하는 청소년의 모습에는 낯선 느낌을 갖는다. 우리 사회가 이들을 중요한 사람으로 여기고 있지 않기 때문에 그런 인식이 그대로 정책으로, 태도로, 일상적으로 던지는 시선에도 나타나는 것이다. 그리고 이러한 바탕에는 가난에 대한 우리 사회의 평가가 그대로 담겨 있다.

◆　「서울학생 노동인권 실태조사 보도자료」, 서울시교육청, 2022. 4. 20.

돈을 좇는 아이들

빈곤층 청소년을 인터뷰하면 아이들은 돈에 대한 얘기를 많이 한다. 당장 현금을 만질 수 있고 일한 결과가 바로 나타나는 일에 비중을 둔다. 직업훈련을 해서 자격증을 따고 1~2년 대학에서 더 공부하면 더 안정적인 일자리를 얻을 수 있지만, 아이들은 배달 일과 같이 바로 큰돈을 쥘 수 있는 일을 더 선호한다. 왜 장기적인 안목으로 안정적인 직업을 갖기 위해 준비하지 않고 당장 쥘 수 있는 현금에 집착할까?

우빈은 돈이 있어야 안심이 된다고 했다. 다른 빈곤가정 청소년들에게서도 공통적으로 들을 수 있는 이야기이다.[◆] 어릴 때부터 사용할 수 있는 재화가 부족해서 많은 어려움과 결핍감을 경험했던 이들에게는 자신이 언제든지 쓸 수 있는 수중의 현금이 심리적인 안정감을 준다. 그 외 다른 데에는 기댈 곳이 없기 때문이다. 아르바이트를 하면, 용돈을 받는 친구들보다 항상 풍족하게 돈을 쓸 수 있다. 특히 배달 아르바이트는 심야에 하는 경우가 많고 위험수당이 있기 때문에 임금이 꽤 높은데, 이런 생활에 익숙해지면 돈이 없는 상태는 견디기 힘들다. 게다가 우리 사회에는 청소년들이 쉽게 접근할 수 있는 일자리가 많다. 이 중에는 제도가 허술하기 때문에 청소년

◆   강지나, 『빈곤대물림 가족 청소년의 대응기제』. 가톨릭대학교 사회복지학과 박사학위논문. 2016.

미래 사업가, 우빈

으로서 하면 안 되는 일도 있었는데, 이 일은 위험한 만큼 상당한 현금을 쥐어주면서 청소년들을 유혹한다. 온라인 도박, 성인 채팅 등이 그렇게 암암리에 널리 퍼지고 청소년 피해자가 많이 나온 것은 인터넷 강국이라는 환경도 한몫했다. 현금에 집착하는 아이들, 너무도 쉽게 접근할 수 있는 유해환경, 무법천지의 온라인 공간, 청소년 보호 제도의 미비가 이런 사건들을 키우고 청소년들을 위험에 빠뜨린다.

현금을 만질 수 있는 사회적 조건에서 현금이 없으면 불안한 심리적 상태가 만나면, 가난한 청소년들은 장기적인 안목의 장래희망을 꿈꾸기 어렵다. 그냥 아르바이트를 하면 한 달에 백만 원을 상회하는 돈을 벌 수 있는데 굳이 미래를 위해 자신에게 투자하고 어려운 훈련 과정을 거칠 필요가 없다고 생각한다. 내가 가르쳤던 청소년 중에는 택배 대리점에서 아르바이트를 하다가 마침 팬데믹 상황을 맞아 재택 원격수업이 이뤄지자 전일제로 일하는 학생이 있었다. 제도의 허점을 이용해 원격수업 출석은 꼬박꼬박 하면서 일을 병행했다. 나중에는 거기에서 한 달에 삼백만 원이 넘는 돈을 벌게 되었고, 대졸자여도 이런 수준의 임금을 받기 어렵다고 생각하고 학교를 그만두었다. 물론 이 학생의 결정에는 임금 외에도 가정 문제, 학업, 품행 등 다양한 고려 사항이 함께 있었지만, 청소년들이 이런 결정을 하는 현실적인 배경을 도외시할 수는 없다.

게다가 직업훈련을 받고 장기적인 진로를 고민한다고 해도 기초 학력이나 가정환경에서 뒷받침이 안 되기 때문에 소위 좋은 일자리에 대한 전망을 꿈꾸기 어렵다. 결국 우빈의 말처럼 '별로 좋지 않은 일이라는 인식'이 깔려 있는 식당 장사지만, 자신이 접근할 수 있고 나름 그 안에서 인정도 받고 도와주겠다는 어른들이 있으니 '그일을 해볼까' 하는 생각을 가져보는 것이다. 우빈 같은 가난한 청소년들에게 "겨우 그것밖에 꿈이 안 되냐", "대학은 가야 한다", "더 크고 긴 안목으로 생각해야지", "현재에 안주할 거냐"고 얘기하기 어렵다. 우리 사회가 이들이 장기적인 안목에, 바람직한 좋은 일자리에 접근할 수 있도록 길을 내어주지 않았고, 실제로 이들이 갈 수 있는 좋은 일자리란 매우 부족하기 때문이다. 이러한 상황에서 자신의 경험을 바탕으로 최대한 현실적인 미래를 그리는 우빈들을 오히려 응원해야 하는 것 아닐까?

미래 사업가, 우빈

"
사람들 시선이
싫어요
"

눈에 띄지만 시선이 무서운,

혜주

혜주는 멀리서도 알아볼 수 있을 정도로 눈에 띄는 아이였다. 일단 체격이 크고, 살집이 있고, 이목구비가 오밀조밀 또렷하고 예쁘장하게 생겨서 귀여운 인상을 주었다. 목소리는 허스키하고 성량도 컸고, 구성지고 거침없는 말투를 사용했다. 혜주는 혜주네 가족을 돌봐주는 종합사회복지관의 사회복지사를 통해 처음 만났다. 그때는 열일곱 살이었는데, 화장을 매우 진하게 하고 있었다.

사람들은 제가 막 쪽팔리고 같이 다니기 창피하대요. 저는 이게 좋아서 그냥 내 멋대로 하고 다니거든요. 옛날에는 머리를 반은 검은색, 반은 노란색 이렇게 했어요. (…) 저는 튀는 걸 좋아해요. 뚱뚱하니까 예쁜 옷은 못 입는데 화장이나 머리 같은 데 신경을 많이 쓰거든요. 몸빼바지 입고, 완전 풀 화장을 해서….

눈에 띄지만 시선이 무서운, 혜주

혜주는 성격도 서글서글하고 밝고 순수해 보였다. 처음 만났을 때 나에게도 친근하게 인사를 했고, 지나다니면서 버스 기사, 식당 주인, 카페 주인에게 모두 붙임성 있게 인사를 했다. 누가 무슨 말을 하든지 잘 믿고 따랐고 사람들과 갈등을 만들지 않으려고 했다.

순해서 손해 보는 아이

혜주는 잘 웃고 솔직한 아이였다. 친구들 관계에서도 착하고 순한 모습을 그대로 보여주었다.

저를 잘 아는 사람들이 제가 착하고 그런 걸 알잖아요. 순해서 얕보는 것 같아요. 그렇게 보이기가 싫어요. 저를 아는 사람들은 다 만만하게 보죠. 자기가 잘못을 해놓고 인정을 안해요. 저는 진짜 화가 나도 정말 쉽게 풀리거든요.

혜주가 진한 화장을 하고 다니는 데에는 이유가 있었다. 타투에도 관심이 많아 자기 몸에 하고 싶다고 했고, 실제로 그 후 10년 동안 만날 때마다 타투가 한두 개씩 늘어나 있었다. 이것은 약한 자신을 남들로부터 보호하려는 노력으로 보였다.

228

화장을 하면 아무렇지도 않게 다닐 수가 있는데, 화장을 안 하면 땅만 쳐다보고 다녀요. 화장하면 내가 예뻐 보이는데, 안 하면 내가 너무 못생기고 찐따 같은 거예요. 일할 때도 화장을 하면 손님들이 못 알아봐요. 다음 날 '생얼'로 가면 어제 어디 갔었냐고 그래요. 화장은 가면 같은 거예요. 화장 안 하면 이상하고 뻥 뜯길 것 같아요.

'페르소나'는 우리가 사회적으로 쓰는 가면을 뜻하는 심리학적 용어이다. 혜주에게 짙은 화장은 사회에 보여주고 싶은 자신의 페르소나였다. 특히 크고 살집이 있는 체구는 '여성답지 못하다'는 편견 때문에 혜주를 주눅 들게 하는 요인이었다. 혜주는 화장으로 이런 편견에 응답하고 있었다. 하지만 눈에 띄는 외모와 상반되게 약하고 순한 성품은 청소년기에 시빗거리를 많이 만들었고, 크고 작은 싸움에 휘말리게 했다. 학교생활도 안정적으로 지속하지 못했다.

저는 길 가면서 시비 걸릴 것 같아서 여자애들과 눈도 못 마주쳐요. 제가 쳐다보는 게 좀 띠껍대요. (…) 전에는 철없었을 때 담배 얘기를 하다가 어떤 언니가 "너 담배 펴?" 이러는 거예요. "네? 안 피는데요?" 그랬죠. 그때 말투가 띠껍다고 하면서 날 치는 거예요. 어이가 없잖아요. 그걸 다른 언니한테 말했어요. 이간질을 좀 잘 시키는 언니였어요. S고 언니가 날 때렸다고 말했는데, 그 언니랑 S고 언니들이랑 아는 사이인 거예요. 그래서 그 언니가 S고 언니들한테 저를 이간질시켰어요. 제 말을 뿔려서 'S고 병신들이 날 때렸다' 이런 식으로요. (…) 얼마 뒤에 길 가다 S고 언니들을 마주쳤어요. 그리고 밤 12시부터 새벽 4시까지 계속 맞았어요. 그것 때문에 전학 갔어요.

점점 작아지는 자아

친구들에게 쉽게 휩쓸리고 속마음을 다 얘기하다 보니 오해와 따돌림의 대상이 되기도 했다. 이렇게 주위에서 다툼이 끊이지 않고 사람들에게 무시받는 일을 여러 번 당하자 혜주는 점점 위축되어갔다. 사람들의 시선이 무섭고 자신감이 없어졌고 자신이 뭔가를 끝까지 해내지 못한다는 생각을 했다. 흔히 말하는 자아존중감이 낮은 청소년기를 보냈다.

저는 뚱뚱하고 가진 게 없잖아요. 그래서 스트레스를 너무 많이 받아요. 살 빼고 싶어요. (…) 어렸을 때 아는 언니랑 알바 면접을 보러 갔어요. 그런데 거기서 대놓고 뚱뚱해서 안 된다 그러는 거예요. 그때부터 자신감이 죽어서 일도 안 하고⋯. 하고는 싶은데 자신감이 없어요. 끈기도 부족하고⋯. (⋯) 그냥 길이나 역에서 헌팅 같은 걸 해서 놀 사람을 만나는데, (⋯) 제가 이렇게 사는 걸 이해를 못 하잖아요. 노는 곳에서 또 말 잘못하고 행동 잘못하면 이상한 소문도 막 퍼뜨리고⋯.

이 과정에서 혜주는 중학교도 그만두었다. 친구들과 어울려 다니다가 각종 사건에 휘말리게 됐고, 결석하는 날이 많아지자 수업일수가 모자랐다. 나중에 복학을 했지만 적응하지 못했다.

그때는 노느라고 학교 가서 안 다닌다고 했어요. 중3 때는 진짜 재밌었거든요. 차라리 그때 학교를 다녔으면 좋았을 텐데⋯. 후회를 해요. 왜냐면 그때는 친구들도 많아서 학교생활이 진짜 편했어요. 제가 조금 '웃방'에 쩌들어갖고(허세 부리느라고), 쎄 보이고 싶어서 학교를 그만둔 것 같아요. 지금은 학교 다니고 싶어요. (⋯) 1년 후에 복학을 한 번 했는데, 완전 적응하기가 힘든 거예요. 친구도 없고 나이도 안 맞아서요. 애들이 나이는 어린데 대놓고 욕하는 거예요. 진짜 완전 너무 무서웠어요. 다른 반 애들이랑 다 친해졌는데, 저희 반에만 저랑 친한 애가 없는 거예요. 그러다가 밥도 못 먹고요. 그

눈에 띄지만 시선이 무서운, 혜주

러다가 그만뒀죠. (…) 어린애들인데, 내가 여기서 기가 죽으면 졸업할 때까지 무시당할 것 같았어요.

이런 실패의 경험이 쌓이자 뭔가 끈기 있게 해내지 못하는 사람, 자신감이 없고 주눅 들어 있는 사람으로 자신을 인식하게 되었고, 이것이 다른 여러 가지 도전을 실패로 이끌었다. 자존감 상실의 악순환이었다.

검정고시는 공부를 못해서 자신이 없어요. 다른 것도. (…) 미용학원 다니다가 그만두고 혼자서 마네킹 머리 자르며 대충하다가 아빠 친구 소개로 미용실에서 배우면서 일하려고 갔는데, 막 바닥 쓸고 머리 감겨주고 이렇게 하는 게 너무 힘들었어요. 그래서 졸면서 하다가 손님들 얼굴에 물 뿌리고 손톱 갖다가 머리 다 긁어놓고 그랬어요. 막 손님들 비위도 맞춰야 하고 맘에 안 든다고 하면 다시 해줘야 해서 한 달 하다가 안 나갔어요. 피부미용도 했는데요. 필기시험 딱 보려고 했는데 민증이 없어 못 봤어요. 그래서 다음에 다시 보려고 했는데 또 친구랑 노느라고 정신 팔려 학원도 소홀히 하다가…. 피부미용 학원은 두 달 다녔어요. 끈기가 매우 없어요.

이렇게 여러 가지를 실패하면서 거리에서 친구들과 노는 생활에 오히려 더욱 빠져들었다. 청소년기 내내 거리에서 술 사주고 노래방에 데려가줄 사람들을 물색해서 함께 놀다가 헤어지는 일이 일상적으로 이뤄졌다.

그냥 P역 편의점 앞에 앉아 있다가 아는 사람들 만나서 술 먹고 놀아요. (…) 길거리에서 만나는 경우도 있고, 길거리에서 만난 사람들에게 또 소개받는 경우도 있고, 아는 언니가 아는 오빠를 데리고 오는 경우도 있고요. 그냥 만나서 놀고 헤어지고 다음에 만날 수 있으면 만나고, 그런 식으로….

문제는 사람들을 만나서 놀 때, 자신에게 도움이 되기보다는 자신에게 의존해서 살아가는 사람들을 만났다는 것이다. 남자친구를 사귈 때는 건설적인 관계가 되기보다는 착취당하는 관계가 되기 십상이었다. 부탁을 거절하지 못하는 약한 성격 때문에 그런 부정적인 관계를 끊어내지 못했다. 첫 번째 인터뷰를 했던 때는 혜주가 몇 개월간 집과 거리, 여관방을 오가는 상태에 있다가 집으로 막 돌아온 후였다.

같이 있던 남자가 집도 못 가게 하고 너무 답답한 거예요. 시간도 아깝고 돈도 아깝고요. 제가 돈 다 냈어요. 5개월 동안 몇백만 원이 들었어요. 대박이에요. 완전 아까워요. 처음에는 도와달라고 해서 도와줬는데, 갈 생각을 안 하는 거예요. 가

233

라고 말도 못 하고 그랬죠. 가라고 하면, 자꾸 구치소에 들어가서 살겠대요.

독립적으로 자신의 삶을 영위하지 못하고 관계에 의존하거나 종속되는 패턴은 낮은 자아존중감과 연결된다. 자아존중감이 낮기 때문에 혜주는 자신을 위험으로부터 보호하고 자신의 발전을 위해 사람들을 선별할 줄 아는 힘이 부족했다. 오히려 누군가에게 의존하고 그의 요구를 들어줌으로써 자신의 존재감과 애착을 확인하고 싶어했다. 그러다 보니 배울 점이 있는 건강한 관계보다는 자신을 착취하는 관계에 쉽게 빠져들었다. 20대에 할머니 집에서 나와 독립을 했을 때에도 집에 룸메이트가 끊임없이 있었다.

옛날에도 룸메랑 같이 살아서 불편한 게 없더라고요. 그냥 친남매 같아요. 어떻게 보면 그 룸메 때문에 안 우울해하고 살 수 있는 것 같아요. 혼자 있으면 진짜 미칠 수도 있는데, 누군가가 있으니까 얘기할 수 있어요. 룸메가 직설적이고 현실적이거든요. (…) 독립하고 처음엔 진짜, 집에 오면 울었는데, 그 룸메 오고 나서는 그런 게 없었죠. (…) 요즘엔 룸메가 일을 잠깐 쉬고 있어서 방세만 줄 수 있는 상황이에요. 그 룸메도 돈이 있으면 많이 쓰는데, 지금 돈이 없으니까. (…) 룸메가 나랑 언제까지 살지 모르겠지만 저는 좀 한 명하고만 깊이 어울리는 것 같아요. 여러 명하고 못 놀아요. 룸메는 스물아홉 살이에요. 직업은 없어요.

애착 빈곤

자기 삶에 대한 목표의식이 부족하고 외부의 시선이 두려워서 끈기 있게 뭔가를 이루지 못하는 사람. 혜주는 그런 사람이 된 것이 자신감 부족 때문이라고 했다. 그렇다면 자신감은 어디서 올까? 혜주는 어릴 때부터 자신을 있는 그대로의 모습으로 인정해주고 사랑해주는 존재를 갖지 못했다. 다섯 살 때 어머니가 집을 떠나고 나서 혜주는 어머니를 한 번도 보지 못했다. 아버지는 돈을 번다고 타지에 가 있어서 혜주는 가난한 조부모와 함께 영구임대아파트에 살았다. 그 환경에서는 돌봄이 충분히 충족되지 않았다. 할아버지는 기력이 있을 때는 폭력을 휘둘렀고 더 연로해져서는 치매에 걸려 요양원으로 옮겼다. 그나마 혜주가 마음을 주고 대화하며 정을 붙이는 건 할머니밖에 없었다. 할머니에 대해서는 애틋한 마음이 많아 보였다.

할머니는 고생을 엄청 많이 하셨어요. 할아버지한테 맨날 맞고…. (…) 할아버지는 지금 요양원에 계세요. 잘 못 걷고 치

눈에 띄지만 시선이 무서운, 혜주

매, 당뇨 이런 것 때문에요. 한 번도 병문안을 안 갔어요. 그냥 할아버지가 싫고 어색해서. 같이 살았는데도 말도 거의 한마디 안 했고요. 맨날 할머니를 때리고 욕하니까. (…) 저도 할머니 속을 많이 썩였어요. 그냥 나가서 놀다가 늦게 들어오고, 아침에 늦게 일어나서 학교 땡땡이치고. 할머니한테 효자손으로 맞으면서 많이 혼났어요.

이제는 할머니도 치매가 왔어요. 하루에 몇 번씩 전화해서 같은 말을 해요. 미치겠어요. (…) 제가 여기서 같이 살자고 했는데, 할머니가 싫대요. 저도 그 말을 하자마자 후회했어요(웃음).

그 후 아버지는 재혼을 했고 남쪽 지역에서 사업체를 운영했다. 혜주는 아버지와 새어머니 밑에서도 두 번 살아봤다. 하지만 번번이 잘 견디지 못하고 할머니에게로 돌아왔다. 원래 다니던 학교에서도 친구 관계로 힘들었는데, 아버지가 사는 지역으로 전학을 가서 다닌 학교의 새로운 규율과 문화는 적응하기 더 힘들었다.

중학교 2학년 때 전학 갔는데 선생님이 진짜 장난 아니게 무서운 거예요. 막 싸대기 때리고 이래요. (…) 선생님한테 얽매이는 게 싫었어요. 뭘 하든 내 자유인데, 염색도 못 하고 화장도 못 하고 막 그런 게 싫었어요. 감옥같이 답답하고 혼나야 되고…. 진짜, 선생님들이 원래 때리면 안 되잖아요.

바람 잘 날 없이 사고투성이였던 혜주는 사람의 정이 그리웠다. 아버지에게 매달리기도 했고 친한 친구에게 매달려보기도 했다. 자기 자신을 잘 믿지 못하고 끈기가 없고 실패만 거듭하니 자신감이 없어져서 타인에게 더 의존하게 됐는지도 모른다. 타인의 관심과 사랑에 목말라했고 정을 준 사람에게 집착하면서 반대급부로 질투도 심했다. 이것이 원만한 친구 관계를 잘 맺지 못하고 친구 사이에 다툼이 잦아진 원인이기도 했다.

어렸을 때 아빠가 집에 일 년에 한두 번 왔어요. 아빠가 학용품을 박스로 가져오면 저는 막 행복하잖아요. 학용품에 욕심이 진짜 많아서 다 갖고 싶은데, 친척 동생들한테 나눠주는 거예요. 너무 짜증 나는 거예요. (…) 저는 옛날엔 아빠를 좋아해서 아빠가 주는 껌 종이도 안 버렸어요.

저한테 정말 소중한 친구가 있었거든요? 개랑 맨날 같이 있고 그러니까 레즈 같다는 얘길 많이 들었어요. 가출해서 같이 살았는데, 걔가 다른 애들을 만나는 게 싫은 거예요. 만나지 말라고 했는데, 몰래몰래 만나서 내 욕을 다 듣고 오는 거예요. 그럴 때마다 질투를 많이 했어요. 딱 둘이랑만 잘 놀아요. 초등학교 때부터 그랬어요.

눈에 띄지만 시선이 무서운, 혜주

혜주가 아동기부터 겪은 결핍감과 그로 인한 관계 집착은 20대에 독립해서 룸메이트와 생활했던 상황과도 연결된다. 특히 혜주의 인간관계는 청소년기와 다른 영역, 다른 계층의 사람들로 더 넓혀지지 못하고 과거에 맺었던 관계들 안에서 계속 반복되었다. 낯선 사람들에 대한 두려움, 인간관계를 건강하게 풀어내지 못하는 습성이 영향을 미친 것이라고 보여진다.

20대 초반의 혜주를 다시 만났을 때 혜주는 외부의 사람 많은 곳에 있는 것 자체를 꺼려했다. 집에서 룸메이트랑 둘이서 지내는 것, 피시방에서 게임을 하는 것 등으로 여가 시간을 보내고 있었다.

스무 살 즈음엔 제가 게임에 미쳐서 밖에 안 나가고 2년 동안 게임만 했어요. 그러다가 한번은 친구가 불러서 술 마시러 나간 적이 있어요. 한 이(지금 앉아 있는 카페 크기) 정도 술집에 있었는데 시선을 어디다 둬야 할지 모르겠고, 심장이 막 쿵쾅거리고 손도 막 어디다 둬야 할지 모르겠더라고요. 친구가 "나는 네가 이 정도인지 몰랐다"면서 미안하다고 그랬어요. 그 뒤로 상담을 받았어요. 옛날에는 버스가 싫어서 안 탄 거지, 타면 탈 수 있었는데, 지금은 아예 못 타요.

얼마 전에 룸메가 돈 벌려고 3개월 정도 잠깐 외국에 갔다 온 적이 있었거든요. 집에 혼자 있었는데 말할 사람도 없고 진짜 외로웠어요. 근데도 친구를 찾아가지 않고 연락도 안 했어요. (…) 요즘도 술을 옛날처럼 먹고 싶긴 한데 먹을 사람도 없고, 집에 있는 룸메는 술을 안 좋아하거든요.

내가 만난 탈학교 청소년들의 경우에는, 일반적인 삶의 궤도를 걷는 친구들에 비해 인간관계가 좁고 특정 부류에 국한되어 있는 양상을 보였다. 이런 상황은 사회적 자본의 형성을 제한하고 긍정적인 영향을 받을 기회 자체를 차단한다. 실제로 가난한 가정의 청소년 혹은 탈학교 청소년들이 성인이 되고 사회로 나아갈 때 이들을 뒷받침해줄 수 있는 지지체계는 매우 빈약했다. 혜주의 경우도 낮은 자존감과 애착 빈곤이 사회로 당당히 나서야 하는 청년기에 질곡을 만들고 있었다. 거기에 좁고 반복되는 인간관계는 이런 어려움을 훨씬 가중시켰다.

경제적 독립을 넘어 심리적 독립까지

20대가 되자 혜주 할머니는 함께 살기 힘들다고 하면서 혜주를 집에서 내보냈다. 아무 준비 없이 따로 집을 나온 혜주는 매우 힘들고 어려운 생활을 겪어야 했다. 내가 2018년 혜주를 세 번째로 인터뷰했을 때 20대 중반이 된 혜주

눈에 띄지만 시선이 무서운, 혜주

는 독립에서 오는 경제적 빈곤을 극도로 느끼고 있었다.

처음 나왔을 때는 좋았는데, 살면서 현실을 깨달았어요. 할머니 집에서 일을 했으면 하고 싶은 걸 다 하고 그럴 텐데, 돈이 나가야 되는 게 많으니까…. 뭐 하면 돈이에요. 잠깐 나가도 돈을 써야 되고요. 너무 스트레스를 받는 거예요. (…) 집도 드라마에 나오는 것처럼 진짜 예쁘고 아기자기하게 꾸미고, 친구들도 와서 재밌게 놀고 같이 술도 마시고 이러면서 사소한 즐거움이 있을 줄 알았는데, 아니에요. 돈…. 경제적인 걸 생각을 못 한 거예요. (…) 할머니 집에 다시 가면 안 되냐고 말하니까 안 된대요. 짜증 났죠. 할머니 집이 넓었으면 내가 들어가 살 수 있는데, 지금은 혼자 살아서 짐이 많아졌으니까 할머니한테 가려면 다 버려야 하잖아요. 나는 언젠간 어떻게든 또 나와서 살아야 되잖아요. 그런 것까지 생각하면, 그냥 이미 망한 것 어떻게 되겠지, 이대로 살자 하고 사는데, 진짜 스트레스를 많이 받아요.

독립해서 살아가기 위해 자신이 직접 돈을 벌어야 하는데 중학교도 졸업하지 못한 혜주에게는 아르바이트 외에 다른 선택지가 없었다.

전에는 편의점 알바를 많이 했어요. (…) 돈을 너무 적게 줘요. 좋은 데는 최저임금을 주는데, 좀 악덕은 안 주고요. 편의점마다 달라요. 노동청에 신고하면 최저임금을 받을 수가 있는데 신고하는 게 까다롭죠. (…) 밤이 돈도 조금 더 많이 주고 해서 밤 11시부터 아침 9시까지 일해요. 낮에 하면 시간도 안 가고 손님도 좀 있고 하니까요.

혜주는 지금까지 안정적인 일자리를 찾기 위해 여러 가지 노력을 해왔지만 난관이 많았다. 원하는 대로 일을 배우는 게 쉽지 않았고 주위의 지원은 너무 없었다. 가장 큰 문제는 타인의 시선을 견디기 어려웠다는 점이다. 청소년기에 타인의 부정적인 시선으로 입은 상처가 해결되지 않은 듯했다.

애견미용을 하고 싶었는데 아무도 지원을 안 해주려고 해요. 집에서 맨날 게임만 하니까 뭐라도 좀 하라고 해서 고용지원센터에서 네일아트를 배웠거든요. 아, 그래, 내가 그림 좋아하고 그러니까 네일아트를 배우자 해서요. (…) 네일아트 자격증 시험을 봐야 하는데 시험장 갈 자신이 없는 거예요. 왜냐면 다 저를 지켜볼 거니까 너무 싫은 거예요. 그래서 별로 막 하고 싶지도 않고 끝까지 할 자신이 없었어요. 옛날에 헤어랑 피부미용도 잠깐 배웠는데, 시험장 가면 나 혼자 하고 제출하는 게 아니라 시험 감독관이 돌아다니면서 날 막 볼 것 아니에요. 그게 너무 부담스러운 거예요. 누가 보고 있으면 실수하더라고요. (…) 애견미용은 시험 볼 때 혼자 방에 들어가서 단둘이 있으니까 잘할 수 있을 것 같아요. 이제는 외부 시선도 극복을 하려고요. 그것 때문에 제가 아무것도 안하고 있기에는 너무 나이가 들어서. 뭔가 해야 될 것 같은 느낌이 왔어요. 알바만 평생 어떻게 해요.

혜주가 하고 싶은 애견미용에는 가족들의 경제적인 지원이 필요했다. 하지만 지금까지 누적된 실패를 봐온 가족들은 반대했고 지원도 해주지 않았다.

가족들이 아무 도움도 안 되고 다들 자기 말만 해요. 그냥 어쩌다가 마주치면 얘기하는데, 계속 인테리어 하라느니, 할머니는 편의점을 하라느니, 아빠는 편의점 하라 그랬다가 옷장사 하라고. 결국 내가 하고 싶은 건 듣지도 않는 거예요. "네가 개털 깎아서 뭐 할 건데? 개털 깎아봤자 얼마 버는데? 요즘은 개털 깎는 데가 한두 군데가 아니다." 막 이래요. 진짜, 강아지 미용 때문에 엄청 싸웠어요. 아빠한테 전화해서, 나는 편의점 알바에 진절머리 난다, 학원 좀 다니게, 내가 학원 다니면서 알바할 테니까 돈 좀 보내달라 그랬어요. 애견미용 학원이 첫 달에는 구십만 원 정도 들더라고요. 바리깡이런 것도 있어야 되니까. 그런데 안 된다고 계속 그러는 거

242

예요. 할머니도 막 저한테 아빠한테 그러지 마라고. 그럼 난 누구한테 그래야 되는 거예요?

독립하고 경제적·정신적으로 힘든 과정을 거치면서 혜주는 어릴 때부터 다니던 복지관에서 심리상담을 받았다. 복지관에서는 상담 외에도 실질적인 제도적 지원을 많이 해주었다.

1년 정도, 작년까지 상담을 받는데 좋아진 것 같아요. 나와 살면서도 계속 1주일에 한 번씩 복지관에서 받았어요. (…) 정말 선 같은 것 없이 별의별 얘기를 다 하면 충고 같은 걸 해주고요. (…) "저는 막 이래서 힘든 거 같아요" 그러면 "아니야. 너만 그런 게 아니야. 나도 그래"라고 샘이 말해줘서 '아, 나만 힘든 게 아니구나' 알았어요. (…) 사회복지사 샘이 내가 하고 싶은 걸 하라고, 남의 말에 연연해하지 말라고 하는 거예요. 딱 마음을 굳혔죠.

두렵지만 한 발짝 나아가기

2022년 마지막 인터뷰 때 혜주는 나와 함께, 혜주를 소개해준 사회복지사를 새로 이사한 집으로 초대했다. 그 집은 혜주가 한 해 전에 청년주택을 신청해서 지자체로부터 지원받은 곳이었다. 집 내부를 새로 칠하고 도배를 깨끗이 해서 아기자기해 보였고, 방 두 개 중 하나는 침실, 다른 하나는 네일아트 작업실로 쓰고 있었다. 일단 전처럼 50만 원가량의 월세가 나가지 않으니 경제적으로 조금 안정이 되었고, 반지하나 불량주택이 아니라 국가가 보증한 다세대주택이라 편안해 보였다. 독립한 후 처음으로 룸메이트 없이 혼자서 반려동물 두 마리를 돌보며 살고 있었다.

혜주는 생활용품점 계산원으로 일하고 있었는데, 그 일은 편의점 아르바이트에 비해서 나아 보였다. 우선, 낮에 일하고, 매장 규모가 크기 때문에 직원 복지도 좋았다. 여전히 최저임금을 조금 넘는 시급 9,500원을 받고 있지만, 집세가 안정되었기 때문에 전처럼 경제적으로 힘들지 않았다. 특히, 월급이 아니라 주급이라서 주급 두 번은 생활비에, 다른 두 번은 공과금에 쓰면 항상 수중에 돈이 있는 편이고 여유가 있다고 했다. 참고로 혜주는 한 달 기준으로 공과금 및 채무 분담금 60~70만 원, 청년주택 이자 15만 원, 통신비 15만 원, 적금 등을 쓰고 남은 돈으로 생활비를 충당하고 있었다. 20대 중반에 만났을 때보다 20대 후반인 지금은 훨씬 안정되어 보였고 자신감이 있어 보였다. 이런 변화는 어디서 왔을까? 혜주를 오랫동안 봐왔던 사회복지사의 얘기다.

남자친구와 헤어졌는데 그걸 극복하려고 노력하면서 힘이 많이 생긴 것 같아요. 혼자서 지방에서 여기까지 짐을 갖고 올라오고, 이 집을 마련해서 내부를 다 꾸미고, 일자리도 새로 구하고요. "이젠 너 혼자 잘 살아갈 수 있겠다"라고 말해 줬어요.

혜주는 그사이 양가 부모님까지 인사할 만큼 관계가 진척된 남자친구가 있었다. 그의 고향집에 같이 내려가서 잠시 살기도 했다. 하지만 결국엔 헤어졌고 원래 살던 도시로 다시 올라왔다. 벌써 1년 전 일인데도 상처가 아직 남아 있는지 대화 중에 그 친구를 계속 거론했다.

뭐든지 걔 탓을 해요. 일이 잘 안 되면 걔 때문에 그런 거라고. 일이 잘돼도 그래요(웃음).

사람들의 시선을 피한다거나 직장에서 사람들이 바라보면 힘들다는 얘기도 더 이상 안 했다. 직장에서 일어난 여러 가지 에피소드를 들려줬는데, 하나가 매장에 들어온 절도범을 자신이 눈썰미 좋게 잡아서 경찰에 넘긴 일이었다. 나는 혜주에게 전과는 다른 침착함, 사람을 대하는 안정감, 사회적 자아와 공공의식 같은 것이 생겨났다고 느꼈다.

눈에 띄지만 시선이 무서운, 혜주

절도범이 완전, 수갑 차고 나오는 걸 봤거든요. 눈에 초점이 없어요. 인생을 포기한 눈이었어요. 매장 내에서 함께 일하는 언니한테 제가 그랬어요. "언니랑 동갑인데, 저 사람은 왜 저러고 살아요? 언니는 여기서 걸레질 열심히 하는데, 쟤는 인생을 꽁으로 살려고 하네요."

전에는 룸메이트와 집에만 있고 싶어했던 혜주의 일상에도 변화가 있었다. 이사 후에는 친구들을 불러서 집 꾸미는 일을 나눠서 시키고, 주말에는 친구들과 낚시를 하러 다니기도 했다. 심지어 운전면허도 따서 렌트카를 몰고 안면도와 강원도를 다녀오기도 했다. 책상을 새로 구입해서 지저분한 물건들을 정리할 계획도 세우고 있었다. 서랍 안의 물건을 계획을 세워서 하나씩 정리 중인데, 자신이 정리한 서랍장을 자랑스럽게 보여주기도 했다. 부업의 하나로, 전에 배워두었던 네일아트 디자인을 해서 온라인으로 판매도 했다. 전에는 보지 못했던 일상의 소소한 계획과 즐거움들이 혜주의 생활에 가득 차 있었다. 중단한 학업을 마친다거나 정규직으로 취직을 하겠다는 거창한 계획은 아니었지만, 생활에 활기가 있었고 스스로 만족하고 있었다.

낚시를 하면 아무 잡생각이 안 나서 좋아요. 남자친구 사귈 때 걔와 관련된 것, 빚 갚는 것, 그런 생각들이 낚시를 가면 아무것도 안 나요. 거기서 뭘 잡아야 하니까. 그 생각만 해요. (…) 요즘에는 고민이 없죠. 아, 언제까지 이걸 하고 살아야 되나? 언제 좋은 남자 만날 수 있을까? 이런 고민은 해요.

얼마 안 되지만 저축도 하고 있어요. 집을 꾸미려면 아직 소파를 더 사야 해서 소파 값 벌려고요. (…) 취미가 되게 많은데 그중 하나가 집 꾸미는 거예요. 취미가 많아서 짐이 많아요.

나는 10여 년에 걸쳐 봐온 혜주의 변화 과정을 생각해보았다. 10대에 혜주는 거리를 헤매며 사람들의 시선에 당혹해하는 아이였고, 20대 초반의 혜주는 빈손으로 집을 나와 어찌할 줄 모르는 청년이었다. 가족들은 그를 구제불능에 집안의 골칫거리로 여겼다. 본인도 자신의 삶을 어떻게 해야 할지 몰라 우왕좌왕하고 있었다. 하지만 그 시기를 거치고 나서 서서히 자기 자리를 찾아가고 제 역할을 해나가는 모습이 대견해 보였다.

혜주는 "이제 늙어서 뭐 어쩌겠어요. 그냥 해봐야죠"란 말을 많이 했다. 아이들은 좌충우돌하며 성장하고 어느덧 자신의 두 발로 서게 된다. 아이들이 충분히 '늙을 때까지' 우리는 지지해주고 기회를 주고 기다려줘야 하는지도 모른다. 혜주에게는 갈등도 많았지만 곁에서 붙들어

눈에 띄지만 시선이 무서운, 혜주

주는 할머니가 있었고, 멀리서 지켜봐주는 아빠가 있었고, 끊임없이 지원과 조언을 아끼지 않았던 사회복지체계가 있었다. 내면이 약하고 시선이 두려웠던 혜주는 이제 자신이 좋아하는 일을 더 잘해보려고 부단히 노력 중이다.

학교 밖 세상의 시선이
왜 두려웠을까?

가난한 가정의 학교 밖 청소년들은 이런 얘기를 많이 듣는다. 네가 불성실해서 학교를 그만뒀는데 무슨 요구를 할 수 있느냐고. 하지만 이들이 학업을 마치지 못했던 이유는 여러 가지가 있을 수 있다. 가정에서 돌봄과 관심의 결핍이 있었을 수 있고, 가정폭력에 시달리다 가출과 자퇴를 동시에 했을 수 있다. 또래 관계에 문제가 있었을 수 있고, 통제와 경쟁을 강조하는 학교 자체가 싫었을 수도 있다. 학교 밖 청소년의 숫자는 많지만, 여기에 가난이라는 환경이 더해지면 사회에서 가장 취약한 상태로 궤도 밖을 떠도는 행성이 된다. '불성실' 했고 '방종'했다고 청소년 개인에게만 손가락질을 하기에 우리 사회는 충분히 그들을 포용할 만한 제도와 환경을 마련했는지 묻고 싶다. 또한 청소년기를 남들보다 더 거칠고 힘겹게 거쳤다고 해서 이후 인생에서 모든 기회를 다 박탈할 수는 없다. 왜냐하면 우리 모두 언제든 그런 시기를 맞을 수 있기 때문이다.

가난한 가정의 학교 밖 청소년에 대한 낙인

가난한 가정에서 자랐고 학교를 중도 하차한 청소년들은 청년기에 독립 과정에서 복합적인 어려움을 겪는다. 우선, 이들은 가족 내에서 충분한 돌봄과 관여를 제공받지 못했고, 교육 제도 안에서 성공의 경험이 없기 때문에 자존감이 매우 낮다. 내가 직접 만난 청소년들의 경우에, 또는 청소년복지 관계자들도 입을 모으는 이들의 공통점을 보면, 이들은 나중에 후회할 것을 알면서도 사회적으로 바람직하지 않은 일들에 연루되거나 그런 또래들과 계속 어울린다. 청소년기에 또래 관계는 중요하지만 자존감이 낮은 경우에 또래 관계는 훨씬 더 많은 영향을 미친다. 자신에 대한 확실한 정체감이 형성되지 않았고 자신을 보호할 내면의 힘이 부족한 청소년들은 또래 관계에 쉽게 휩쓸리고 이는 대부분 부정적인 결과를 낳는다. 아이들은 서로 싸우고 욕을 하면서도 그 무리에서 계속 놀거나 비슷한 무리를 전전하면서 어울린다. 낯선 사람들, 보통의 궤도를 걷는 사람들을 만나면 그들에게서 오는 괴리감과 낙인감을 견디기 어려워하고 새로운 사람들과 깊고 안정적인 관계를 맺기 힘들어한다. 혜주가 오랫동안 방황하고 거리를 떠돌았던 시기에도 이런 또래 관계가 큰 역할을 했다. 거기서 상처도 받고 핍박도 받았지만 결국엔 다시 그 관계들로 돌아갔다.

낮은 자존감은 이전의 실패를 극복하고 새로운 도전으로 나아가려는 시도에도 큰 질곡이 된다. 새로운 일에는 자신이 없고, 끈기가 없으며 실패할 것이라는 두려움에 사로잡힌다. 그래서 학업에 다시 도전하거나 기술을 배우는 일에서 종종 실패를 경험하게 되고, 이것은 다시 자존감을 낮추는 악순환을 만든다. 혜주는 졸업장이 없기 때문에 그것을 만회하기 위해 수많은 일에 도전했다. 미용, 피부미용, 네일아트, 애견미용, 검정고시 등등. 하지만 이런 일에 도전하는 것 자체에 심리적으로 위축되어 있었고 남들의 '시선'이 항상 두려웠기 때문에 그 긴장감을 견뎌내지 못했다. 더욱이 이런 도전에 대해 용기와 지지를 보내주는 지지체계가 없었다. 누군가로부터 '실패해도 계속 널 사랑하고 아낄 것이다', '그것이 네 잘못은 아니다', '실패해도 괜찮다', '사는 것이 좀 힘들더라도 너만 힘들게 살아가는 것은 아니다'라는 믿음을 줄 만한 지지체계가 있었다면 조금 나았으리라고 생각한다.

학교생활과 졸업에 성공하지 못했다는 사회적 낙인감도 청소년들에게 크게 작용한다. 학교는 공식적인 사회체계를 첫 번째로 경험하는 곳인데 여기에서 얻은 좌절감과 실패감은 크고, 이때 받는 사회적 지탄과 부정적인 시선은 이들이 감당하기에 무겁다. 우리 사회는 학교교육체계에서 성공하는 것을 매우 중시하고 이를 능력의 절대적 잣대로 평가하는 인식이 강하게 자리 잡혀 있다. 탈학교하는 원인들은 매우 다양하고, 많은 부분이 학교체계가 가진 경쟁 문화,

눈에 띄지만 시선이 무서운, 혜주

배제와 따돌림을 방치하는 문화에서 비롯된 것이지만 그 부정적인 영향은 고스란히 개별 청소년이 받게 된다. 우리 사회는 학교 밖 청소년들을 '비행하고' '일탈하는' 아이들로 바라본다. 이런 인식은 이들을 학교체계로부터 더 멀어지게 하고 진짜 일탈하는 삶에 빠지게 한다. 학교에 복학하거나 학업을 마칠 기회를 다시 얻는 것은 이 청소년들에게 매우 힘든 일이다. 결국 부정적인 시선을 견뎌내기 위해 더 비슷한 또래들끼리 뭉치고 더 일탈적인 놀이만을 할 수밖에 없다.

자신을 믿고 기다려주는 지지체계가 빈약하고 학교 밖 청소년에 대한 낙인감이 심하기 때문에 아이들은 더욱 또래 관계에 집착하고 거리를 헤매면서 놀이문화에 몰두한다. 빈집에 모여서 놀거나 찜질방, 피시방, 노래방, 무인모텔을 전전하며 자유롭게 놀 수 있다. 한국사회는 거리의 청소년들이 놀 수 있는 환경이 매우 잘 조성되어 있다. 외식문화, 밤문화, 유흥업계 등이 발달해 있기 때문이다. 일단 아르바이트를 쉽게 구할 수 있는데, 이들은 주로 배달업체, 카페, 편의점, 식당, 판촉업체에서 일한다. 여의치 않으면 삥뜯기, 절도, 취객 대상 소매치기 등 다양한 범법행위를 시도한다. 여자 청소년의 경우에는 조건만남으로 돈을 벌 수 있다. 대부분의 학교 밖 청소년들은 범죄와 연루되어 있거나 큰 피해를 당할 위험에 노출되어 있지만, 집에 들어가거나 학교로 돌아가는 것보다는 훨씬 자유롭고 재미있는 생활이기 때문에 쉽게 빠져들고 헤어나오기가 힘들다. 이런 과정을 거치다 보면 학교 밖 청소년들은 새로운 도전의 기회를 얻지 못하고 사회가 기피하는 성인이 되거나 일부는 범법자가 되기도 한다.

여자 청소년들에 국한해서 조금 더 들여다보자. 혜주는 자신이 뚱뚱하고 못생겼다고 여러 번 말했고, 그것 때문에 남자들에게 차인 적이 있고 아르바이트 자리도 못 얻었다고 했다. 실제로 혜주의 얼굴은 오밀조밀하게 생겨서 귀염성 있고 예쁘장한 편이다. 하지만 큰 체구와 살집 있는 외형 때문에 그런 평가를 받은 듯했다. 외모는 누구에게나 중요한 요소이지만 여자 청소년들에게는 훨씬 더 큰 영향을 미친다. 이들이 탈학교 후 또래들과 놀이를 즐길 때 외모는 중요한 요인이 된다. 혜주가 화장을 진하게 하고 여성성을 과시하는 행동을 하는 것은 모두 외모로 성적 어필을 하기 위함이었다. 즉, 여성이 하나의 인격이 아니라 성적 대상으로 상대에게 호소해야 이롭다는 것은 학교 밖 청소년들에게 중요하게 통용되는 원칙이다. 사회의 지배적인 구조와 인식이 아직 어린 이들에게도 그대로 적용되고 있음을 알 수 있다. 여성을 성적인 대상으로만 보는 인식은 성적으로 자유로운 여성을 '창녀'로 규정하고 혐오하는 인식과 궤를 같이한다. 가출한 여자 청소년들은 학교로 돌아가면 이 혐오의 시선에서 자유롭지 못하다. 남자 청소년들이 가출했을 때와는 전혀 다른 양상이다.

더욱이 여자 청소년들이 쉽게 돈을 버는 방법으로 선택하는 '조건만남'은 우리 사회의 왜곡된 성문화를 잘 보여준다. 음성적인 성매매 산업이 존재하고 성에 대한 이중잣대가 엄연히 우리 인식을 지배하고 있다. 남성들은 여기에서 파생된 왜곡되고 불법적인 성산업에 손쉽게 접근할 수 있고, 여자 청소년들 역시 이를 쉽게 이용하거나 착취당한다. 여자 청소년의 조건만남에 대한 신문기사를 보면 매우 선정적인 보도가 많다. 이들이 거리를 헤매고 돌봄과 관여에서 벗어나 방황하고 있는 것을 성인 남성들은 최소한 즐기거나 방조하고 있는 것처럼 보인다. N번방 사건과 수많은 조주빈이 양산될 수밖에 없는 사회구조 속에서 우리는 가출한 여자 청소년들 개인에게만 단죄의 프레임을 씌우고 있는 것은 아닌지 생각해봐야 한다.

홀로서기

10대에 탈학교했던 청소년들은 20대가 되어 독립을 한다. 이들은 가족환경이 불안정하기 때문에 빨리 독립해서 나오려고 한다. 그러려면 우선 정신적으로 원가족으로부터 독립해서 자신만의 가구를 형성할 수 있는 내면의 힘이 있어야 한다. 집을 마련하고 생계를 꾸려가고 미래를 계획하는 실천력이 있어야 한다. 여러 가지 경제 문제를 해결하고 필요한 것에 돈을 지출하고 장기적으로 어떻게 살아갈지 구상해야 한다. 하지만 탈학교 후 거리를 헤매던 청소년들은 이러한 힘에 대한 필요성조차 느끼지 못한다. 대부분 생활은 무절제하고 전망과 계획은 전무하다. 10대 시절의 또래 관계를 벗어나지 못하고 여전히 여러 가지 시시비비에 휘말린다.

경제적으로 독립을 하려면 안정적인 일자리가 있어야 하지만 이들은 10대 시절에 했던 아르바이트 수준에서 크게 벗어나지 못한다. 아르바이트로 생계를 영위하기에는 매우 빠듯하다. 최저임금 시급 9,620원(2023년 기준)을 받고 집세 내고, 통신비와 생활비 등을 충당하고 나면 남는 돈이 거의 없다. 장기적인 비전을 위해 뭔가를 배우고 여가를 즐기고 저축을 할 여유가 없다. 또한 가족까지 생긴다면 가족을 부양할 정신적·경제적 여유는 더욱 없다. 아동학대 사건이 이런 20대 부부들이 꾸린 가정에서 상대적으로 많이 발생한다는 것은 단순히 우연이 아니다. 이들도 "언제까지 알바만 할 수 없다", "언제까지 배달만 할 수 없다"는 얘기를 많이 하지만 안정적인 일자리를 얻을 수 있는 기반이 너무 없다. 학력도 문제고, 기술직으로 일하거나 자격증을 따려고 해보지만 쉽지 않다.

더욱이 가족환경이 취약하기 때문에 이들을 도울 수 있는 사회체계가 매우 부실하다. 학교 밖 청소년이나 청년이 대상인 정책으로 자립 지원, 주거 지원, 생활 지원 등이 있지만, 이들은 사회제도에 잘 접근하지 않기 때문에 지원체계를 이들과 연결시키는 일이 어렵다. 정책 자체가 빈곤층을 특화해서 정책 대상으로 상정하지 않았고, 학교 밖 청소년들은 교육체계나 사회복지체계에 일괄적으로 등록되어 있지 않기 때문에 이들을 발굴하고 지원책을 홍보해서 연계해주는 일이 가장 시급하다. 혜주처럼 꾸준히 연락하는 사회복지사가 있거나 이런 제도를 잘 알고 있는 가족체계가 느슨하게라도 있으면 그나마 사정이 낫지만, 그렇지 못한 청년들은 거리에서 홀로 고군분투해야 한다.

눈에 띄지만 시선이 무서운, 혜주

가난한 가정의 학교 밖 청소년들은 과도기에 있으므로 충분한 돌봄과 관심을 받아야 하는 존재들이다. 성장기 내내 믿음과 애착을 주는 돌봄이 부족했다면, 그래서 가정과 학교 밖에서 방황했다면, 청년기에 그런 요구를 표현하면 받아줄 사회체계가 반드시 필요하다. 왜냐하면 혜주의 사례에서 보듯이 누구나 언젠가는 방황을 끝내고 자기 자리로 돌아와 서서히 제 모습을 찾아가기 마련이기 때문이다. 과거의 잘못이나 과오, 실수에 대해 다시 한 번 도전할 수 있는 기회, 다시 힘을 내볼 수 있는 용기를 제공하는 것이 우리 사회가 할 역할이다.

공정한 어떤 잣대로 재봐도,
미국 최고의 아동살인범은 가난이다.

— 테리사 푸니시엘로(미국 복지권리운동 조직가)

빈곤 대물림과 청소년 문제

빈곤을 둘러싼 풍경은 많이 변화했다. 1970년대 국민소득이 250달러였던 때의 빈곤은 성실하기만 하면 벗어날 수 있는 국가 주도 운동의 대상이었고, 2000년대의 빈곤은 열심히 일했지만 벗어날 수 없는 현실을 맞닥뜨리게 되는 노동 빈곤이었다. 이제 빈곤은 세대를 이어 빈곤이 대물림되는 불평등한 사회구조 그 자체이다. 게다가 빈곤은 더 이상 저소득만을 의미하지 않는다. 시간 빈곤, 문화 빈곤, 주거 빈곤 등 불평등의 다양한 양상들은 저마다 현실 속에 다른 모습으로 드러난다. 복잡하고 다양한 삶의 양태와 곳곳에서 발생하는 사회 문제들은 언뜻 보면 파편화

되어 있고 개별적인 사안인 것처럼 보인다. 최첨단 정보 통신 기술에 힘입어 SNS에 올라오는 환상적인 이미지와 AI를 활용한 생활의 편리성 덕분에 가난은 이제 사라진 옛날 문제인 듯 보이기도 한다. 분명 빈곤으로 인한 불평등은 도처에서 작동 중인데 우리는 감지하지 못한 채 가난은 점점 더 어두운 곳으로 은폐되고 그 검은 그림자는 사회 곳곳에서 암약하고 있는 셈이다.

빈곤은, 특히 세대를 이어 빈곤이 대물림되는 문제는 사회 전반에서 구조적으로 만들어지고 있다. 노동 가치보다 자산 가치가 훨씬 높은 불평등한 경제구조를 기반으로, 50퍼센트에 육박하는 나쁜 일자리가 임금 불평등을 형성하면, 경쟁과 선별 위주의 교육 제도가 계층 이동의 사다리를 걷어차고, 부실하고 편협한 복지 제도가 안전망으로서의 제 역할을 못 하고 있는 데서 빈곤 대물림은 구조화되고 있다.

빈곤 대물림 현상은 통계적으로, 사회적으로 자주 발표되고, 특히 교육 현장에서 뚜렷하게 드러나기 때문에 이젠 화제에 올리기에도 무색하다.♦ 평소에 새로운 문제

♦　「'개천용' 옛말…"가난 대물림 싫다" 출산도 빈익빈부익부」, 『세계일보』, 2020. 10. 17.
「'대물림되는 가난'…저소득층 빈곤탈출 확률 갈수록 낮아져」, 『연합뉴스』, 2017. 10. 07.

가 끊임없이 제기되고 자극적으로 보도되는 '다이나믹 코리아'에 살고 있다 보니, 빈곤 대물림을 얘기하는 것도 시시한 문제로 취급당하지 않을까 두렵다. 하지만 빈곤 대물림은 청(소)년 세대를 좀먹고 우리의 미래를 파탄 낸다. 이런 사회구조하에서 살아남아야 하는 청(소)년들은 '노오력'보다는 코인이나 주식을 하면서 한탕으로 부를 축적하는 일에 관심을 돌리고, 개인을 억누르는 사회적 책무보다는 자신의 '취향'과 '안락'을 위해 거침없이 목소리를 낸다.♦ 사실 건강한 사회라면 '개인의 안락'을 추구하는 것이 '사회적 책임'을 다하는 일과 자연스럽게 연결되어야 한다. 하지만 빈곤이 대물림되는 불평등한 사회 안에서는 개인이 스스로 챙기지 않으면 사회에서 낙오된다는 사회 풍조가 생겨난다. 결국 청(소)년들은 피로감과 열패감에 쌓여 어떤 미래나 전망을 꿈꾸기 위해 에너지를 쓰지 못하고 자기 보호에만 급급해진다.♦♦ 우리 사회에서 가장 취약한 계층인 노년층과 청(소)년층의 자살률이 OECD에서 1위를 차지한 지 벌써 몇 해지만 우리 사회는 여전히

「10대의 빈곤」, 『국제신문』, 2019. 09. 02.

♦   이순미, 「지방 중소도시 청년들의 다차원적 빈곤과 행복의 역설」, 『한국사회학』 52(4), 2018.

♦♦ 최상미·윤효은·김한성, 「당사자의 목소리로부터의 빈곤 청년의 삶에 대한 탐색」, 『사회과학연구』26(2), 2019.

별 해결책을 내놓지 못하고 있다. 그래놓고 하는 일이란 약자들이 죽어나가는 꼴을 언론과 인터넷 포털에 '극단적 선택'이라는 자극적인 제목을 달아서 전시하는 것이다.

불평등한 사회에서 빈곤은 단순히 경제적 수치에 해당하는 저소득의 문제가 아니고, 그 영향력이 삶의 전반에 미친다. 불평등한 사회에서 사람들은 자신의 욕구 실현이 번번이 좌절되는 경험을 하게 된다. 공부하고 싶어도 가정형편 때문에 못 하고, 안락한 주거환경에서 편안한 생활을 하고 싶지만 항상 불안에 휩싸여 낮은 삶의 질을 경험해야 하고, 모범이 될 만한 사람을 만나 배우고 각성해서 어떤 꿈을 실현하고 싶지만 주위에서 그런 사람을 접해보지 못하는 삶. 또한 이 삶의 패턴이 조부모, 부모로부터 지속적으로 반복되어왔다는 것을 경험하는 삶. 이러한 과정이 누적되면 사람은 일단 자신이 누구인가 하는 사회적 존엄성에 침해를 입고, 이렇게 침해된 존엄성은 주체를 불안정한 상태로 만들며, 건강한 사회적 관계를 맺는 데 질곡이 된다. 결국, 오랜 시간 축적된 빈곤은 자신의 욕구를 실현하고, 거기서 만들어진 능력을 발휘해 사회에 기여하고 이를 통해 개인적이며 사회적인 행복감을 추구하려는 가능성을 모두 훼손한다.

아마티아 센은 이를 두고 "빈곤은 기본적 역량의 박탈"◆이라고 규정하고 있다. 기본적 역량을 갖추었다는 것은 자신의 정체성을 갖고 자아실현을 하고자 하는 욕구가 자연스럽게 발현된다는 것을 의미한다. 에너지 개념으로 설명하자면, 생명체는 내면이 안정되고 불안감이 없어야 에너지를 밖으로 써서 외부 정보를 수집하고 미래를 예측해서 발전을 도모한다. 하지만 기본적 역량이 박탈된 사람은 내면의 불안정성으로 인해 내면의 안정과 생존을 유지하는 데 급급하기 때문에 밖으로 에너지를 돌리지 못한다. 이것은 빈곤층이 미래를 위해 지금 절제하고 성실하게 살아가는 것이 얼마나 어려운지, 뭔가 선택할 때 합리적이고 이성적인 결정을 하기가 왜 어려운지 설명해준다. 이런 에너지의 상태가 오랫동안 지속되면 인간은 자존이 훼손되고 타인과 함께 살아가는 사회적 존재로서의 기능이 모두 망가진다.

빈곤 대물림이 지속되는 사회 안에서 청소년이 성장한다는 것은 우리 미래 세대를 고갈시키고 피폐하게 만드는 일이다. 빈곤 대물림은 생태계 재앙과 전염병의 팬데믹을 고민하는 것과 마찬가지로 사회 문제로서 심각하게 다뤄야 한다. 지금 이 문제를 해결하지 못하는 것은 영원히 불평등의 나락 속으로 우리 아이들을 처박아버리는 것과 같다. 특히 정체감을 형성하고 진로 전망을 꿈꿔야 하

✦ 아마티아 센, 『자유로서의 발전』, 김원기 옮김, 갈라파고스, 2013.

는 청소년들에게 대를 이어 빈곤을 경험하게 하는 일은 철저한 사회적 살인 행위인 셈이다. 혹자는 빈곤이란 하위계층의 문제이니 열심히 노력해서 상층에 올라서면 문제가 없지 않겠느냐고 얘기할 수 있다. 만약 당신 가족의 아이들이 공부를 잘하거나 재능이 있어서, 혹은 가족 찬스를 이용해서 좋은 대학과 좋은 일자리를 얻었다고 하자. 그 아이가 과연 이 불평등한 세상에서 혼자 행복할 수 있을까? 사회에 불평등한 현상들이 쌓이고, 이에 대한 분노와 좌절감이 사회 전반에 누적되면 누구에게도 안전하고 좋은 사회란 있을 수 없다.

빈곤 환경에 처한 청소년 문제를 다룰 때 우리는 지금까지 교육 정책에 포함하거나 청소년 정책으로 분류해 왔다. 빈곤 청소년이란 빈곤가정 안에 포함된 구성원이고, 빈곤한 가정은 보통 가구주의 노동 가능 여부와 관련이 있으므로 빈곤 청소년을 정책 이슈로 따로 다루기는 어렵다. 교육 정책 안에서 청소년을 다루려고 하면 청소년보다는 '학생'이라는 정체성이 크기 때문에 정규교육이나 학습의 틀에서 바라보는 편향성이 생긴다. '학생'이 아닌 '청소년'을 독립적으로 다루려고 하면 학생이 아닌 청소년을 선별해서 낙인을 찍어버리는 문제가 생긴다. 학생인 청소년을 모두 포함해서 논의를 하려고 해도 '학생'이라는 '신분'의 구심력이 강해서 교육 정책과 중복되거나 독자성을 찾기 힘들다. 현재 청소년 복지정책이 미미한 수준에 머물고 있는 이유가 여기에 있다. 거기에 빈곤한 환경에 처한 청소년 정책을 따로 고민한다는 것은 더 어려운 일이다.

이 장에서는 지금까지 내가 청소년들의 이야기를 듣고 삶에서 필요하다고 여기는 것들을 제도 차원에서 정리해보았다. 생애사적 삶이란 총체성을 띠기 때문에 다양한 제도, 관계, 전망 등이 녹아 있다. 여덟 명의 청(소)년들의 생애사로부터 교육 제도, 진로 탐색, 청년 자립 등에 대해서 관련 제도와 사회적 지형을 고찰하고 현실적 대안을 제시해보고자 한다.

교육자본론의 한계

빈곤 대물림 현상을 연구한 자료들에 의하면 빈곤 대물림은 교육자본 혹은 인적자본을 매개로 이뤄진다.♦ 이런 연구 결과를 근거로 1960년대 '빈곤과의 전쟁'을 선포한 미국에서, 불평등 심화를 고민하는 한국에서도 빈곤의 굴레를 끊기 위한 방책은 교육 분야에 대한 투자에 집중되어

♦ 이상은, 「한국에서의 빈곤의 세대간 이전」, 『한국사회복지학』60(2), 2008.

있다. 공공부조의 교육급여에서부터 방과후 서비스 등 학습 지원, 국가장학금 제도까지 이런 정책들은 교육의 장안에서만 보자면 효과가 있다. 하지만 빈곤층 아이들이 교육비를 지원받는다 해도 교육자본을 성공적으로 형성하기는 매우 어렵다. 우리 사회의 교육 제도가 이미 기본적 교육비와 기회 제공만으로는 성공하기 어려운 구조를 갖고 있기 때문이다.

현재의 교육 제도는 헌법이 규정하고 있는 인권, 자아실현, 교육받을 권리보다는 경쟁을 통한 선별 기능을 주로 수행한다. 연우는 공부를 해보고 싶어서 인문계 고등학교에 가길 바랐지만 부모님의 반대로 특성화 고등학교에 갔다. 부모님이 특별히 학력 경쟁에서 뛰어나지 못하면 인문계 고등학교는 전망이 없다고 했기 때문이다. 현석도 성적에 맞춰 선생님이 가라는 특성화 고등학교를 갔는데, 학교가 완전 양아치 같았다고 했다. 특성화 고등학교는 진로를 중심으로 나눠진다기보다는 대학 갈 아이들을 위해 '양아치'를 한 번 걸러내는 작업을 수행하기 때문이다.

중학교에서 고등학교에 올라갈 때 이뤄지는 이 선별 작업은 청소년들의 생애에서 큰 전환점을 만든다. 청소년들은 이 선택의 과정에서 수없이 고민하지만 지현의 사례를 제외하고, 누구도 진지하게 그 고민을 함께하거나 조언을 해주지 않았다. 특히 학교체계에서 그다지 성공하지 못한 대부분의 빈곤층 청소년들은 학교 선생님으로부터도 큰 도움을 받지 못했다. 이들이 가족 자원이 취약한 상황이라는 점을 감안하면 학교체계가 이를 충분히 뒷받침해주어야 하는데 실상은 그렇지 못하다. 학교체계는 빈곤층 청소년의 진로 선택을 위한 과정에서, 이들을 도와주고 이끌어야 할 전문기관임에도 불구하고 경쟁과 계층에 따른 선별 기능 외에는 큰 역할을 하지 못하고 있다. 만약 학교가 진로 선택에서 제 역할을 다하는 체계였다면, 졸업 후 취업을 원하는 학생들이 가는 특성화 고등학교는 지금과는 전혀 다른 위상을 갖고 실질적인 기능을 했을 것이다. 물론 이것은 한 학교, 혹은 교육체계만의 문제는 아니다. 근본적으로 사회에서 지식노동보다 몸노동이 낮게 평가받고 임금도 적기 때문에 빚어지는 문제이다. 교육체계가 빈부의 차이에 관계없이, 대학이냐 취업이냐와 관계없이, 학생의 자아실현과 진로 희망을 구현하는 데 제 역할을 다하고 있는지 우리는 엄중히 물어야 한다.

한 차례 선별 기능을 마친 교육 제도는 고등학교에 진학한 청소년들에게 학력 경쟁과 스펙 쌓기를 취업을 위한 기본 과정으로 요구한다. 청소년들은 그 안에서 '경쟁', '타인과 비교하기', '주류 질서에 동의하기' 등을 경험한다. 소희와 혜주가 학교에 적응하지 못하고 탈학교하는 과정에서 이런 학교문화가 작동했다. 경쟁과 주류 질서에 편입시키기 위해 청소년들의 욕구와 자유를 억압하고 규율과 학업을 강조하기 때문이다. 이런 학교문화에 잘 적응한 영성과 지현, 연우, 수정은 그나마 사정이 나았지만, 그렇지 못한 많은 청소년들이 이 과정에서 좌절하고 열패감을 느낀다. 특히 사회적 기반이 취약한 빈곤층 청소년들은 학교체계 외에 다른 곳에서 교육자본을 획득할 기회를 갖기 어렵다. 이들에게는 학교에서의 성공이 인생의 첫 성취이자 유일한 성취일 수 있다.

하지만 아이러니하게도, 학교는 사교육과 입시 정보 등으로 대표되는 가족의 뒷받침 없이는 경쟁에서 살아남기가 어려운 곳이 되어버렸다. 빈곤층 청소년들은 취약한 가족 자원 때문에 학교에 의존해야 하는데, 학교가 가족 배경 없이는 성공하기 힘든, '사다리를 걷어차는' 제도인 셈이다. 영성은 아르바이트와 대학 공부를 병행하면서 좋은 학점을 받는다는 일이 얼마나 어려운지 얘기했다. 수정도 가정형편 때문에 대학에서 수업을 받으며 동시에 실습을 나갈 수 없었고, 경력 면에서 부족한 스펙을 갖추고 취업 전선에 나가야 했다. 빈곤층 청소년들은 이 구조하에서 '계층 지위의 확인'과 '끊임없는 실패'를 경험하고 어느덧 학력 경쟁에 뒤처져 있는 자신을 발견한다. 이런 경험이 쌓이면 그 모습을 자신의 정체성 일부로 받아들여야 한다. 서서히 사회적으로 배제되고 낙오자라는 낙인이 씌워지는 과정을 밟는다.

청소년 복지의 대부분을 담당하고 있는 교육체계는 이제 학력을 위한 제도가 아니라 한 명의 인간이 자아실현하도록 도와주는 체제로 거듭나야 한다. '과정평가', '자유학기제', '진로상담 강화', '학생 맞춤형 선택과정' 등의 제도가 이미 초중등 교육계에서는 10년 정도 진행되어왔지만, 여전히 서열식 평가가 지배하고 있는 대입 제도와 불안전하고 불평등한 노동시장은 근본적인 변화와 개혁을 가로막고 있다.

한편, 교육체계에서 성공했다고 해도 빈곤 대물림을 탈출하기는 여전히 어렵다. 영성과 수정은 학교체계를 성공적으로 마쳤지만, 청년이 되어서도 빈곤가족의 굴레에서 벗어나지 못했다. 소희는 뒤늦게 교육 제도와 복지 제도를 통해 학력을 인정받고 자격증도 취득했지만 역시 심리적 불안과 대인 기피 현상은 반복되고 있다. 교육자본을 형성하더라도 취약한 가족구조가 해소되지 않는다면, 그 청(소)년이 성장하면서 훼손된 사회적 자아를 복구하지 못한다면, 지금까지 맺어온 사회적 연결망을 새롭고 건강한 관계로 대체하지 못한다면 빈곤에서 빠져나오기 쉽지 않다.

앞에서도 누차 언급했듯이 빈곤은 인간의 존엄을 침

해하는 문제이기 때문에 그런 수준의 대처와 처방이 없다면 쉽게 해결되지 않는다. 소희와 혜주의 사례에서 보듯이 이런 기본적 역량을 잘 키우지 못하고 보낸 시기는 성인이 된 이후의 삶에까지 질곡을 만든다. 빈곤 대물림을 끊어내기 위해 교육자본론을 도입해서 교육비 지원을 한다는 것은 아주 작고 단편적인 방책은 될 수 있지만 근본적인 해결책이 될 수는 없다. 빈곤 대물림은 사회 전반의 불평등과 구조를 개혁하는 문제와 관련되어 있기 때문이다.

자아정체감과 진로 탐색

청소년에게 자아정체감과 진로 탐색은 바늘과 실과 같은 관계이다. 청소년기에 중점으로 다뤄야 할 과업이자 이후의 삶을 결정하는 중요한 개념이기 때문이다. 수많은 연구들을 보면 자아정체감과 진로 탐색, 혹은 삶의 만족도 등을 연관해서 다루고 있다.◆ 자아정체감이 자신에 대한 확신, 신념, 평가라면 진로 탐색은 자신에 대한 평가를 미

◆　박미려·양은주, 「부모방임, 또래애착이 자아정체감과 진로정체감을 매개로 고등학생의 삶의 만족감에 미치는 영향」, 『청소년학연구』24(1), 2017.
　　김선아, 「중학교에서 고3까지의 자아존중감, 진로정체감, 학습활동과 삶의 만족도 관계연구」, 『한국산학기술학회논문지』19(12), 2018.

래 진로에 접목하는 활동이다. 학문적인 용어로 '진로정체감'이라고 부르는 이 개념은 개인이 자신의 흥미, 적성, 동기를 마음에 드는 직업 역할과 연결 짓는 것이다.[*] 자아정체감 이론을 정립한 에릭 에릭슨은 그 핵심 요소로 진로정체감을 들면서, 삶의 전체적인 구조를 형성하는 주요한 요소로 간주하였다. 청소년기는 자신이 어떤 사람인지 탐색하면서 하고 싶은 일을 구상하고 미래를 준비하는 시기이기 때문에 진로 탐색이 중요한 화두가 된다.

나는 지현과 연우, 우빈을 만나고 그 외에도 수많은 청소년을 만나면서 자아정체감을 안정적으로 형성하고 있는 친구들이 진로 탐색에도 유능함을 확인할 수 있었다. 이들은 경제적 어려움과 진로 선택의 고민 속에서 자신이 원하는 바, 살고 싶은 삶, 추구하고자 하는 가치를 정확하게 알고 이를 실현하기 위한 구체적인 활동을 하고 있었다. 이 활동은 뚜렷한 진로 전망이 생기면 훨씬 긍정적인 패턴을 보였다. 즉, 자신이 원하는 진로를 향해 관심이 집중되면 이전의 부정적인 생각이나 관계는 자연스럽게 단절이 되었고 발전적인 방향으로 노력이 쏟아졌다. 자신의 불우한 환경과 조건에 대해 외부로 그 탓을 돌리

---

[*] 황혜리·이은혜·이세란, 「고등학생이 지각한 부모의 학대 및 방임이 진로정체감에 미치는 영향」, 『한국심리학회지: 상담 및 심리치료』30(1), 2018.

거나 세상의 평가에 쉽사리 휘둘리지도 않았다. 오히려 이전에는 발견하지 못했던 적극성을 가지고 현실에 대한 객관적 평가, 진로를 위한 정보 탐색, 도움이 될 만한 사회적 관계 만들기 등을 행동으로 옮겼다.

보통 빈곤층 청소년들의 진로 탐색이 현실감과 구체성이 떨어진다는 연구 결과가 많은데,♦ 지현과 연우, 우빈은 전혀 다른 모습을 보여주었다. 이들은 어려움에 처했을 때 그로부터 극복해서 나오려고 하는 '성찰하는 힘'이 강하기 때문인데, 이를 사회복지학이나 심리학 용어로 말하자면 '회복탄력성' 혹은 '자아탄력성'이 강하다고 할 수 있다.♦♦ 누구나 고난을 극복할 수 있는 힘을 갖추는 것은 중요하지만 청소년기는 성장기에 수많은 질곡들을 겪을 수 있으므로 이런 힘이 더욱 중요하다. 더 나아가서 빈곤계층의 청소년이라면 이런 질곡의 파고가 그렇지 않은 청소년에 비해 더 심할 수 있으므로 자아탄력성은 훨씬 더 중요해진다.

빈곤가정 청소년들은 다른 자원이 부족하기 때문에 학교에서 이뤄지는 진로 탐색을 통해 자아 정체감을 형성

♦   강지나, 「빈곤대물림 가족 청소년의 대응기제」, 가톨릭대학교 사회복지학과 박사학위논문, 2016.

♦♦ 이선정, 「청소년이 인식한 부모의 부모역할책임의식과 회복탄력성의 관계에서 자아존중감의 조절효과」, 『한국가정과교육학회지』31(2), 2019.

할 수 있고, 진로 탐색을 위한 활동을 많이 할수록 '성찰하는 힘'을 역동적으로 기를 수 있다. 교육 제도를 비롯해서 우리 사회 전체가 이런 진로 탐색 장치를 충분히 마련해 주어야 빈곤으로 인한 불평등 문제를 해결할 수 있는 첫 걸음이라도 뗄 수 있을 것이다.

그렇다면 진로 탐색을 활발하게 할 수 있는 방법은 무엇일까? 청소년기의 진로 탐색에 대한 연구들을 살펴보면 다음과 같이 요약할 수 있다. 학교생활을 포함해서 다양한 활동과 경험을 많이 할수록,♦ 부모, 특히 아버지와 개방적인 대화를 많이 할수록,♦♦ 부모, 교사, 친구 등의 사회적 지지와 교육적 관여가 많을수록,♦♦♦ 청소년 자신이 진로에 관한 자율적 결정을 많이 할수록♦♦♦♦ 진로효능감과 결정 수준은 높아진다. 나는 지현의 사례가 이런 패턴의 거의 모범에 해당한다고 생각한다. 지현처럼 학교와 지역사회의 자원을 활발하게 활용할 수 있는 다각적인 접

♦　　노법래, 「후기청소년의 진로발달 궤적에 관한 종단연구」, 『한국청소년연구』 24(3), 2013.

♦♦　서용원·이지숙·김현순·임명호, 「중고등학생이 지각한 부모-자녀 간의 의사소통유형, 자아존중감, 우울과 진로의사결정유형의 관계」, 『한국콘텐츠학회논문지』18(12), 2018.

♦♦♦　김효진·장윤옥, 「공업고등학교 학생의 사회적지지와 진로준비행동과의 관계에서 진로결정 자기효능감의 매개효과」, 『청소년학연구』18(7), 2011.

♦♦♦♦ 이상무·박관성, 「고등학생의 진로결정자율성, 부모진로행동과 진로결정수준의 관계에서 진로결정자기효능감의 매개효과」, 『청소년학 연구』26(9), 2019.

근이 필요하다.

또한 나는 교사로서, 학교의 역할을 강조하고 싶다. 학교는 빈곤가정 청소년들이 가장 쉽고 심리적·물리적 장벽 없이 일상적으로 접근할 수 있는 기관이다. 현재 교육 당국은 청소년의 진로 탐색을 위해 다양한 정책과 제도를 10여 년간 운영해왔고 여전히 그런 노력을 경주 중이다. 중고등학교에 배치되어 있는 진로 상담 교사와 다양한 적성 검사, 진로 상담, 직업 체험 등이 꾸준히 성과를 내고 있다. 물론 대학 입시를 중심으로 한 진로 탐색이 여전히 가장 큰 비중을 차지하고 있는 것도 현실이다. 학력 서열화에 따른 노동 차별, 임금 차별이 없어지지 않는 한, 아무리 교육계에서 진로 탐색을 열성적으로 한다고 해도 그 효과는 크지 않을 것이다. 그럼에도 교육 당국은 꾸준히 학생 개개인의 성장과 자아실현을 위해 노력해야 하고 빈곤가정 청소년들은 이를 적극 활용할 수 있어야 한다.

빈곤가정 청소년 문제로 시야를 좁혀서 진로 탐색의 문제를 보자. 빈곤가정 청소년은 가족 자원이 부족하기 때문에 진로 탐색에 대해 풍부한 정보를 얻거나 지지를 받기 어렵다. 일하느라 바쁘고 지친 부모와 대화하기도, 진로와 관련한 직접적인 체험을 하기도, 사회적으로 바람직하고 안정적인 양질의 일자리를 갖고 있는 주변인을 찾기도 어렵다. 빈곤가정 청소년들은 장기적으로 인적자본에 투자할 여력이 없기 때문에 그런 인적자본을 배경으로 하는 고부가가치 산업에 접근할 수 없다. 예를 들어, 학비가 비싸고 학업량이 많아서 학업에만 몰두해야 하는 로스쿨에 빈곤계층 청년들은 지원하기 어렵다. 그 결과 빈곤가정 청소년들은 주위에서 많이 보아왔고 당장 현금을 만질 수 있는 일에 지원하는 경향이 있다.♦

이렇게 사회적 자원이 부족한 빈곤가정 청소년들에게 학교는 진로 탐색을 위한 최후의 보루가 될 수 있다. 학교에는 일상적으로 청소년을 만나온 교사와 친구들이 있고 수많은 기록들이 존재하기 때문에 그에 대한 많은 정보가 쌓여 있다. 그가 어떤 적성을 가졌으며 어떤 일을 잘하는지에 대한 학교 안 정보를 이용하고 진로 체험과 진로 상담 등을 활용하면 그는 풍부한 진로 탐색을 할 수 있다. 학업에 대해서도 거의 무상으로 학습 지원과 기초학력 보충이 가능하기 때문에 학교는 다른 어떤 기관보다도 유용하게 도움을 줄 수 있다.

나는 현재 선별과 경쟁을 위해 작동하는 학교체계가 방향을 돌려, 좀 더 청소년 복지의 관점에서 진로탐색

♦ 이영광·김민수·김민주, 「청소년의 진로성숙을 변화·포기하게 만드는 원인은 무엇인가?」, 『한국사회과학연구』33(2), 2014.

기관으로서 효용을 높여가면 빈곤가정 청소년들에게 도움이 될 것이라고 생각한다. 한계가 많은 학교체계이지만 그래도 현장에서 가장 마지막 보루가 되어 청소년을 돌봐주고 이끌어주는 곳은 학교와 교사들이라는 점도 엄연한 사실이다. 인구절벽 시대를 맞아 학급당 학생 수는 점점 적어지고 학생 한 명 한 명의 성장이 소중한 시대가 되었다. 빈곤이라는 불평등에 맞서기 위해서는 교육 현장에서 학생들을 포기하지 않고 잡아주는 수많은 노력이 더욱 필요한 시기이다.

청년 자립

빈곤가정에서 성장한 청소년이 양질의 일자리를 구하지 못하면 자연스럽게 청년 빈곤층이 된다. 현재 청년 빈곤 문제는 복합적인 구조에서 발생한다. 고졸 취업자나 2~3년제 대학 졸업자의 임금은 상대적으로 낮은 수준이고 이를 보전해줄 사회보장체계는 미비하다. 이들이 받는 임금으로는 기본 생활만 영위할 수 있을 뿐, 집을 마련하거나 가정을 꾸리는 것이 어려운 상태이다. 대졸자의 경우에는 과잉교육 현상으로 인해 교육 수준과 노동시장에서 필요한 기술 사이의 불일치 현상이 발생하고 있다.♦ 같은 대학 졸업자라 해도 인턴, 해외 연수, 자격증 등의 고스펙을 갖춘 취업준비생들이 많아 단순 졸업장만으로는 고부가 가치 산업에 진입하지 못한다. 결국 그들은 '하향 취업'을 하여 고졸 학력만으로도 수행할 수 있는 일자리를 얻는다. 이런 일자리는 주변부 노동시장에 속한다고 볼 수 있는데, 한국은 주변부 노동시장과 중심 노동시장의 임금과 근로 조건의 격차가 크기 때문에 한번 주변부 노동시장에 진입하면 혼자 힘으로 자신의 상품 가치를 높여서 안정적이고 좋은 일자리로 진입하기가 어렵다.[♦♦] 대학 졸업장과 좋은 스펙을 갖춰 양질의 일자리에 진입하느냐 못 하느냐는 이제 개인의 능력이 아니라 가족 배경에 달려 있다. 청년이 오랜 기간 취업을 위해 고스펙을 쌓으려면 가족의 지원이 절대적으로 필요하기 때문이다. 그렇다면 가족 배경이 취약하고, 고졸에, 변변한 기술도 장착하지 못한 청년은 '하향 취업' 하는 대졸자들에게 밀려 3D 업종에 종사하거나, 비정규직이나 시간제 일자리에 머물게 될 것이다. 청년 빈곤은 철저히 계층의 세습이자 불평등한 노동시장 구조의 산물이며, 빈곤 대물림의 징후이다.

♦   김진하, 「제4차 산업혁명 시대, 미래사회 변화에 대한 전략적 대응 방안 모색」, 『KISTEP Inl』15, 2016.
♦♦   이정봉, 「이행기 관점 청년정책에 대한 비판적 검토」, 『한국노동사회연구소 이슈페이퍼』2021(8), 2021.

그런데 청년 빈곤 문제의 심각성은 한국에 국한되지 않는다는 데 있다. 전 세계적인 경제 상황과 노동시장을 보면, 점차 산업이 자동화·전산화되어 물리적으로 많은 노동력을 필요로 했던 제조업이 쇠퇴하고 인공지능 등의 기계가 인력을 대체하고 있다. 거기에 4차 산업혁명으로 상품과 서비스의 공급량은 늘었지만, 금융 자본에 의한 소득 격차가 벌어져서 소득 상위층은 좁아지고 그만큼 저임금 노동자층은 광범위해졌다. 그런데 저임금 노동자들의 임금 수준은 오르지 않고 있기 때문에 전체적으로 소비량이 늘어난 공급량을 따라가지 못하고 있다. 결국 세계 경제의 생산성은 점차 둔화되고 장기적인 저성장 기간으로 접어들고 있다. 이런 현상을 종합하면, 양질의 일자리 수는 점차 줄어들고 국가의 공공영역에 대한 재정 지출도 줄어들고 있는 것이다. 50~60대의 기성세대는 이미 안정적인 부를 축적한 상태이지만 20~30대는 부모 세대에 비해 불리한 조건 속에서 경제 활동을 시작해야 한다.

즉, 청년 빈곤 문제는 한 세대 내에서 보면 불평등이자 과잉경쟁의 문제이고, 국가적으로 보면 산업구조의 재편 문제이며, 세계적으로 보면 저성장의 문제인 셈이다. 이는 10년, 20년 뒤 지금의 청년들이 사회의 지도층이 되고 중심 세력이 된다는 점에서 국가의 미래를 어둡게 하는 심각한 문제이다.

청년 빈곤 문제가 심각하게 떠오르자 지난 7~8년간 청년층에 대한 복지 제도는 다양하게 마련되고 있다. 자산 지원, 건강 지원, 청년 취약계층 지원 등이 생겨났고, 특히 취약계층 지원은 학교 밖 청소년의 진학 및 취업 지도와 보호종료 아동에 대한 자립 지원, 소득분위에 따른 주택자금 지원 등이 있다. 내가 만난 소희가 이런 제도에 의해 대학을 졸업할 수 있었고, 수정과 혜주는 '청년주택' 제도로 저렴하고 안전한 주거공간을 마련해 독립할 수 있었다. 하지만 이 제도들의 한계점도 분명히 있다. 사회가 다양하게 분화하고 있는 만큼 다양한 직업군이 생겼다가 소멸하는 일이 잦다. 청년층의 특징은 일자리와 주거에 변동이 심하고 집단으로 군집하기보다는 개별적으로 행동하는 경우가 많다. 사회 정책도 이에 맞춰 청년층을 동질한 집단으로 보기보다는 이질적 특성을 고려해야 하고, 세대주나 부양자보다는 개인 중심의 정책으로 기획해야 하며, 유연하고 다양한 제도와 전달체계를 마련해야 한다.♦ 이런 제도들이 거대한 사회 문제를 해결해줄 수는 없지만 당장 어려움에 처한 청년들을 도울 수는 있다.

임금 불평등이나 주변부 노동시장의 문제가 단기간

♦   김미영·노승철, 「그들은 어디에 모여 사는가? 수도권 빈곤청년의 공간적 집중과 구성 변화」, 『한국지역개발학회지』35(2), 2023.

에 해결되기 어렵다면, 이런 청년들을 도와주는 사회 정책들은 좀 더 기본적인 인프라 역할을 해야 할 것이다. 예를 들어, 현재 주거를 마련하는 것이 가장 큰 어려움이므로 청년들을 위한 값싼 임대주택 정책을 대규모로 추진해볼 수 있을 것이다. 또한 취업을 준비하는 모든 청년 세대를 대상으로 '청년수당'과 같은 기본적인 제도를 시행하는 것도 생각해볼 수 있다. 청년 세대는 사회 전반적인 불평등과 다차원의 차별을 경험하고 있는 세대이다. 이들을 위한 사회 정책은 '가난을 증명하고 신고해야 하는' 선별적 방식이 아니라 청년 세대라면 누구나 접근할 수 있는 제도적이고 보편적인 방식으로 이뤄져야 할 것이다.

이런 질문을 받은 적이 있다. "가난은 나랏님도 구제를 못 한다는데, 도대체 어디까지를 가난하다고 보고 지원해줘야 하는 것이냐?" 혹시 어디까지 가난하다고 '규정'하고 나랏님에게만 맡겨놔서 어려운 것은 아닐까? 오래 묵은 가난의 문제는 완전히 다른 발상으로 접근해야 하는 것 아닐까? 더 이상 누군가가 '가난'의 수준을 정해서 선별적으로 금전이나 기회를 시혜처럼 내려주려고 하는 구습을 버려야 한다. 전 지구가 복합적인 위기를 겪고 있고 삶의 질서가 바뀌고 있다. 우리 모두가 저출생과 기후 위기에 맞서 불평등한 사회구조를 어떻게 바꿔나갈지 함께 머리를 맞대고 고민해야 할 일이다.

◆

가난한 아이들은 어떻게 어른이 되는가? 여러 번 발음해보게 되는 말이다. 마음이 슬퍼지다가 부끄러워진다. 이 책은 애써 감은 눈을 뜨게 한다. 장기적 빈곤층에서 성장한 여덟 명의 목소리는 가난 서사의 게으른 접근인 '대견함'과 '불쌍함' 너머를 환하게 비춘다. 사람들이 섣부르게 재단하는 것보다 훨씬 복잡한 생활의 요소와 맥락이 얽힌 상태가 가난임을 드러낸다. 그래서 책장을 덮고 나면 느끼게 된다. 가난하지 않은 아이들은 어떻게 어른이 되는지. 한 사람이 성장하는 동안 자연스레 취하는 것, 자기 몫으로 누린 것, 눈감은 것, 선 그은 것이 얼마나 세세하고 많은지를 말이다. 제목이 곧 메시지다. 더 나은 공동체를 위해 던져야 할 단 하나의 물음이 담긴 책이다.

— 은유(르포 작가, 『알지 못하는 아이의 죽음』 저자)

가난이 주인공 자리를 꿰찬 삶은 피로하다. 아이들은 성장의 기쁨을 느낄 새도 없이 조로한다. '다음'을 계획하기 어려운 삶에서 체념은 생존 전략이자 지혜가 된다. 저자는 그들의 말과 말 사이를 방황하며 깨닫는다. 이들의 이야기가 공동체를 위한 중요한 증언이자 폭로임을. 누군가에게는 선진국일 한국사회가 짜놓은 교육·노동·복지의 그물이 얼마나 성기고 낡았는지를. 숫자나 통계가 아니라 구체적인 이름과 목소리가 주는 통증을 성실하게 기록했다. 몰랐다면 알아야 하고, 안다면 외면해서는 안 될 목소리가 도착했다.

— 장일호(『시사IN』 기자, 『슬픔의 방문』 저자)